PREMIÈRES LEÇONS

DE

MUSIQUE VOCALE,

A L'USAGE DES MAISONS D'ÉDUCATION.

DÉDIÉES A M. CHAPUY,

ANCIEN ORGANISTE DE LA CATHÉDRALE DE NEVERS,

PAR

L. FRÉTILLE,

DIRECTEUR DE L'ÉCOLE NORMALE PRIMAIRE DU GARD,

Et Auteur de divers Ouvrages pour l'Enseignement élémentaire.

A NIMES,

CHEZ GIRAUD, LIBRAIRE, BOULEVARD SAINT-ANTOINE,

ET A L'ÉCOLE NORMALE.

1850.

MUSIQUE TYPOGRAPHIQUE

DE TANTENSTEIN ET CORDEL,

90, rue de la Harpe.

Paris.—Imprimerie Bautruche. 90, rue de la Harpe.

INTRODUCTION.

Pourquoi l'enseignement de la musique vocale s'introduit-il avec tant de lenteur dans les écoles primaires? Pourquoi, sur cent de ces écoles, en comptet-on à peine deux ou trois où l'on donne des leçons de chant avec quelques principes et conséquemment avec quelque succès? Nous n'hésitons pas a en attribuer la cause principale à l'absence d'un livre simple, élémentaire, pratique, et qui, par la modicité de son prix, puisse être mis entre les mains de la plupart des enfants.

C'est pour essayer de combler cette lacune que nous avons écrit ces *Premières Leçons*. Et d'abord, pour atteindre plus sûrement notre but, nous,avons dû nous enfermer dans un cadre un peu resserré. Toutefois, nous n'avons rien négligé qui fût réellement utile, et nous avons même traité souvent avec quelque développement certains principes que l'on se borne trop ordinairement à donner tout formulés aux élèves, sans se demander s'ils seront accessibles ou non à leur intelligence. Quelques leçons paraîtront peut-être un peu théoriques , et nous le reconnaissons volontiers; mais cela tient au sujet même de ces leçons, qui , pour être présenté avec fruit, demande l'emploi du raisonnement. Nous ne pouvions guère faire autrement sans laisser notre œuvre incomplète. Disons aussi que nous avons écrit un peu en vue des instituteurs qui, n'ayant reçu que des notions superficielles de musique , voudraient travailler d'abord pour eux-mêmes. Au reste, pour les leçons peu nombreuses que les enfants auraient de la peine à comprendre, on pourra passer légèrement dessus d'abord , sauf à y revenir plus tard.

Comme on le verra, nous avons séparé en commençant l'étude de l'intonation de celle de la mesure. Cette manière de procéder est regardée comme la plus rationnelle; c'est qu'en effet le ton et le rhythme présentent des difficultés d'une nature toute différente, et que l'on ne doit point chercher à surmonter de front, si l'on veut se conformer aux règles de la saine pédagogie.

Mais, de ce que nous avons placé d'abord tout ce qui concerne *l'intonation*, il ne suit pas qu'on doive épuiser cette partie avant de passer à la *mesure*. On ne devra pas non plus voir la mesure tout entière avant de commencer la lecture musicale proprement dite. En suivant rigoureusement l'ordre où les leçons ont été rangées, on rendrait l'étude aride, rebutante pour les élèves, qui, en général, aiment à s'apercevoir bientôt que leurs efforts, les premiers surtout, ont amené un résultat. Mais, comme il n'est point indifférent de quitter une partie de la méthode en un point quelconque pour passer à une autre, nous avons indiqué soigneusement l'ordre selon lequel les leçons devront se succéder dans la pratique. Il n'y aura donc aucune incertitude à craindre à cet égard.

Nos exercices pour l'étude simultanée de l'intonation et du rhythme sont généralement courts, chantants et d'une difficulté convenablement graduée. Les élèves les préféreront aux solféges ordinaires; ils les étudieront plus volontiers seuls, et verront avec plus de plaisir arriver le moment de la leçon : nous en avons fait l'expérience.

La plupart des numéros peuvent être solfiés à une ou à plusieurs parties; ils permettent ainsi d'habituer de bonne heure les enfants à comprendre les effets de l'harmonie, et à ne pas se troubler en entendant chanter autre chose que ce qu'ils ont sous les yeux. Cependant les instituteurs encore peu expérimentés feront bien de ne faire dire qu'à une partie les morceaux qui ne sont pas d'une extrême facilité. Il faut une oreille déjà exercée pour saisir dans l'ensemble les fautes de mesure et d'intonation.

Deux séries de morceaux avec paroles servent de complément à cet ouvrage. La première est formée de petits chœurs à trois parties que l'on pourra faire commencer d'étudier quand les enfants seront un peu avancés dans la lecture musicale. La seconde série, composée d'airs et de fragments d'airs extraits des plus grands maîtres, est destinée à former plus particulièrement le goût des élèves, à éveiller en eux le sentiment du beau. On ne devra l'apprendre qu'après avoir passé la méthode dont elle indique le but.

Ainsi conçues, ces *Premières Leçons* nous paraissent suffire largement aux personnes qui veulent se contenter de connaissances élémentaires, c'est-à-dire au plus grand nombre, et elles pourront mettre les autres à même de commencer avec fruit des études musicales plus sérieuses. Les procédés d'intonation et de mesure qu'elles renferment, la variété des exercices, le soin apporté à leur rédaction, nous font espérer qu'elles seront favorablement accueillies dans les écoles primaires, et qu'elles contribueront beaucoup à populariser le plus agréable de tous les arts. Puisse notre attente ne pas être trompée! Ce sera pour nous une des plus douces récompenses auxquelles nous ayons jamais aspiré.

PREMIÈRES LEÇONS

DE

MUSIQUE VOCALE.*

LEÇON PRÉLIMINAIRE.

Tout ce qui frappe notre oreille est du *bruit*.

Quand la nature du bruit nous permet de l'apprécier, et qu'on peut le reproduire ou l'imiter avec la voix, ou un instrument de musique, on l'appelle *son*.

Il est aisé de remarquer dans un son quatre qualités principales. savoir :

1° Le *timbre*, qui permet à l'oreille de distinguer s'il est produit par telle ou telle voix, par tel ou tel instrument;

2° Le *ton*, où l'on reconnaît s'il est grave ou aigu ;

3° La *durée*, c'est-à-dire la propriété de pouvoir être plus ou moins prolongé;

4° L'*intensité*, ou le degré de force avec lequel il est produit.

Les sons peuvent être combinés de manière à charmer l'oreille, à émouvoir l'âme, à exciter en nous les sentiments les plus divers, tels que la gaîté, la tristesse, l'ardeur guerrière, le sentiment religieux, etc. C'est le but de la *Musique*.

---

* Voyez à la fin de l'ouvrage, l'ordre dans lequel ces Leçons doivent être étudiées.

Une succession de sons formant un sens agéable à l'oreille, s'appelle *chant* ou *mélodie*.

Plusieurs sons entendus simultanément forment un *accord*, et une succession d'accords se nomme *harmonie*.

On distingue dans la musique la *composition* et l'*exécution*.

La *composition* est l'art d'écrire des chants, et de les accompagner d'une harmonie convenable.

L'*exécution* est l'art de chanter ou de jouer un morceau de musique à une ou à plusieurs parties.

Il est évident que, pour exécuter un morceau de musique, il faut avant tout le savoir *lire*.

La *Lecture Musicale* sera le principal objet de ces Leçons.

Cette partie de la musique repose principalement sur l'*intonation* et la *mesure*.

L'*intonation* est l'art de donner au son le ton qui lui convient.

La *mesure* est l'art de régler la durée des sons.*

---

* Nous avions pensé d'abord à faire suivre d'un questionnaire chaque leçon de texte; mais c'eût été grossir inutilement ce volume. Les maîtres sauront fort bien trouver seuls les questions convenables.

PREMIÈRE PARTIE.

DE L'INTONATION.

1. DE LA GAMME

Les sons, considérés sous le rapport de l'intonation, reçoivent généralement les noms suivants : *Do, Ré, Mi, Fa, Sol, La, Si.* Et cette série de sons est ce qu'on appelle la *gamme.*

Ré représente un son plus haut que *Do ; Mi* en désigne un plus aigu que *Ré,* etc.

C'est pourquoi, comparant la gamme à une échelle, on dit qu'on *monte,* en chantant : *do, ré, mi, fa, sol, la si ;*—et qu'on descend, en chantant : *si, la, sol,* etc.

A cette série de sons peut s'en ajouter, en dessus ou en dessous, une ou plusieurs autres.

Les sons de ces nouvelles séries se désignent par les mêmes noms, parce qu'ils se chantent de la même manière, comme nous le verrons bientôt.

Nous représenterons parfois de la manière suivante, dans l'écriture, les trois séries que les voix humaines peuvent parcourir :

INITIALES MAJUSCULES. INITIALES MINUSCULES.

Do Ré Mi Fa Sol La Si do ré mi fa sol la si

Sons graves ou bas. Sons du milieu ou médium.

CARACTÈRES ITALIQUES.

do ré mi fa sol la si

Sons hauts ou aigus.

Intonation de la Gamme.

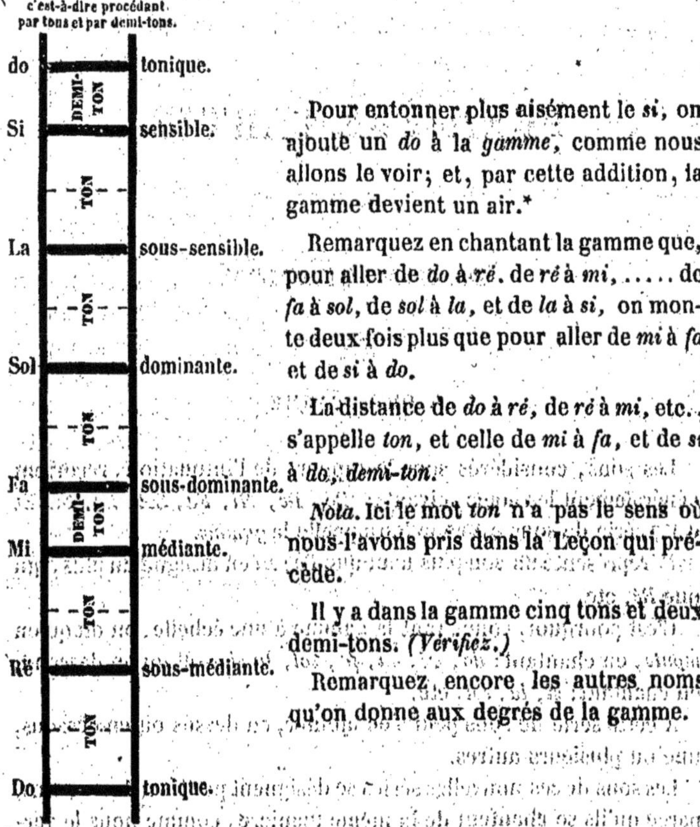

Pour entonner plus aisément le *si*, on ajoute un *do* à la *gamme*, comme nous allons le voir; et, par cette addition, la gamme devient un air.*

Remarquez en chantant la gamme que, pour aller de *do* à *ré*, de *ré* à *mi*, ... de *fa* à *sol*, de *sol* à *la*, et de *la* à *si*, on monte deux fois plus que pour aller de *mi* à *fa* et de *si* à *do*.

La distance de *do* à *ré*, de *ré* à *mi*, etc., s'appelle *ton*, et celle de *mi* à *fa*, et de *si* à *do*, *demi-ton*.

Nota. Ici le mot *ton* n'a pas le sens où nous l'avons pris dans la Leçon qui précède.

Il y a dans la gamme cinq tons et deux demi-tons. *(Vérifiez.)*

Remarquez encore les autres noms qu'on donne aux degrés de la gamme.

---

* Pour enseigner la gamme, 1° le maître la chante ou la joue seul, et en allant d'un mouvement modéré; 2° il fait chanter les élèves avec lui; 3° il les laisse chanter seuls après qu'il a entonné la tonique.

On insistera sur la gamme jusqu'à ce que la majeure partie de la classe la sache bien. Pendant quelque temps même, on la fera redire au commencement de chaque leçon.

Nous engageons les maîtres à ne pas s'astreindre à faire toujours chanter au diapason, mais à prendre plutôt la tonique sur des tons différents. Cette manière de procéder facilitera plus tard le travail de transposition, et rendra plus saisissables les démonstrations auxquelles nous aurons souvent à recourir.

2. DE LA NOTATION USUELLE.

Les sons se représentent ordinairement par des signes particuliers appelés *notes*.

Les notes s'écrivent sur cinq lignes parallèles dont la réunion se nomme *portée*.

Les lignes de la portée se comptent de bas en haut.

A ces cinq lignes on en ajoute souvent de supplémentaires en dessous et en dessus.

Les notes se placent sur les lignes et entre les lignes de la portée, et c'est à leur position relative que l'on reconnaît le son qu'elles représentent.

Supposons, par exemple, que le *Do* soit placé sur la première ligne; on aura *Ré* dans le premier interligne, *Mi* sur la seconde ligne, *Fa* dans le deuxième interligne, etc., comme il suit :

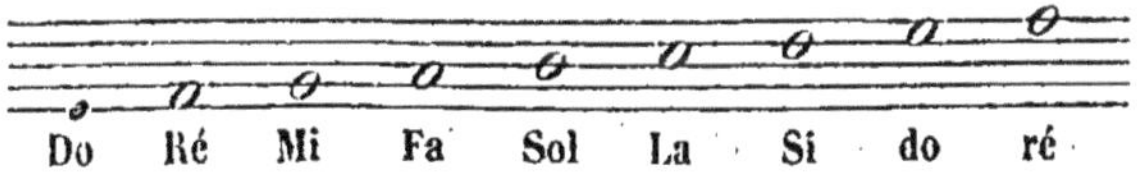

Si le *Do* était placé dans le premier interligne, on aurait *Ré* sur la deuxième ligne, *Mi* dans le deuxième interligne, *Fa* sur la troisième ligne, etc., comme ci-dessous.

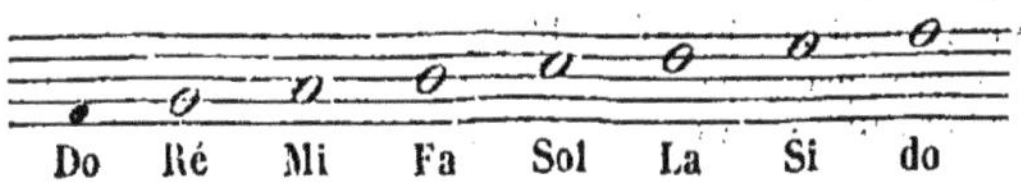

Les notes n'ont pas de position fixe sur la portée; ainsi le *Do* peut se placer sur une ligne ou dans un interligne quelconque : mais

il suffit de convenir de la position d'une note pour que celle des
autres soit déterminée. Que le *Sol*, par exemple, soit sur la deuxième
ligne, on aura nécessairement en montant, *La* dans le deuxième interligne, *Si* sur la troisième ligne, *do* dans le troisième interligne,
etc., et en descendant, *Fa* dans le premier interligne, *Mi* sur la première ligne, etc. Ainsi.

Il peut donc arriver que plusieurs personnes affectent à une
même note des positions différentes. De là, la nécessité d'un signe
qui fasse savoir celle qu'on a choisie.

Ce signe s'appelle *clé*, et se pose au commencement de la portée,
sur une ligne à laquelle il donne son nom.

Il y a trois clés, bien qu'une seule fût suffisante, ce sont:

1° La clé de *sol*,* qui se pose sur la 2ᵉ ligne:

2° La clé de *fa*, qui se pose sur la 3ᵉ et la 4ᵉ:

3° La clé de *do*, sur les 4 premières:

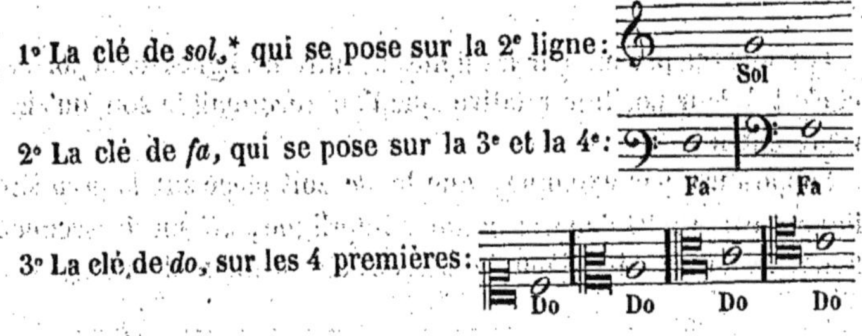

* On enseignera les notes à la *clé de sol*, et au moyen d'une portée tracée sur
le tableau noir.

Pour obliger les enfants à porter leur attention sur la leçon, on leur fera con-
sidérer leur main gauche comme une portée dont le petit doigt serait la 1ʳᵉ ligne,
et l'on exigera d'eux qu'ils montrent sur cette portée, et avec l'index de la main
droite, les notes qu'ils nommeront sur le tableau.

On pourra aussi, pour varier cet exercice, dicter des notes qu'ils écriront sur
une feuille convenablement rayée, etc.

Ce travail devra, pendant quelques jours, suivre la solmisation de la gamme
et précéder la répétition des leçons précédentes.

3. DES INTERVALLES.

On entend par *intervalle* la différence d'un son à un autre plus grave ou plus aigu.

Les intervalles tirent leur nom du nombre de degrés à parcourir pour aller du son le plus grave au son le plus aigu. Ainsi on appelle,

SECONDE,	l'intervalle de deux degrés:	*do-ré,*	*ré-mi.*
TIERCE,	— de trois —	*do-mi,*	*ré-fa.*
QUARTE,	— de quatre —	*do-fa,*	*ré-sol.*
QUINTE,	— de cinq —	*do-sol,*	*ré-la.*
SIXTE,	— de six —	*do-la,*	*ré-si.*
SEPTIÈME,	— de sept —	*do-si,*	*Ré-do.*
OCTAVE,	— de huit —	*Do-do,*	*Ré-ré.*

Il y a des intervalles au-dessus de l'octave, comme la *neuvième* la *dixième*, etc.

Deux sons, dont l'un n'est ni plus aigu ni plus grave que l'autre, forment un *unisson.*—A proprement parler, l'unisson n'est pas un intervalle.

Pour trouver le nom de l'intervalle formé par deux sons, on rétablit entre eux les sons intermédiaires, puis on compte les degrés en y comprenant les deux extrêmes. Ainsi *Do-La* est une sixte, car en rétablissant les degrés à franchir pour aller de l'un à l'autre de ces sons, on a:

$$Do \quad (Ré \quad Mi \quad Fa \quad Sol) \quad La.$$
$$1 \qquad 2 \qquad 3 \qquad 4 \qquad 5 \qquad 6$$

Les intervalles sont majeurs ou mineurs selon le nombre de tons et de demi-tons qu'ils contiennent.

La seconde maj. contient 1 ton (*Do-Ré*), et la mineure 1 demi-ton (*Mi-Fa*).
La tierce majeure — 2 tons (*Do-Mi*), et la mineure 1 ton et $\frac{1}{2}$ (*Mi-Sol*).
La quarte majeure[1] — 3 tons (*Fa-Si*), et la mineure[2] 2 tons $\frac{1}{2}$ (*Do-Fa*).
La quinte majeure[3] — 3 tons $\frac{1}{2}$ (*Do-Sol*), et la mineure[4] 2 tons et 2 $\frac{1}{2}$ (*Si-Fa*).
La sixte majeure — 4 tons $\frac{1}{2}$ (*Do-La*), et la mineure 3 tons et 2 $\frac{1}{2}$ (*Mi-Do*).
La septième majeure — 5 tons $\frac{1}{2}$ (*Do-Si*), et la mineure 4 tons et 2 $\frac{1}{2}$ (*Ré-Do*).
L'octave contient toujours cinq tons et deux demi-tons: Do-do, Ré-ré. (*Vérifiez.*)

---

*Si les élèves étaient trop jeunes, on pourrait sauter ce qui reste de cette leçon, sauf à y revenir plus tard.

[1] Appelée communément *quarte augmentée.*— [2] Ou *quarte juste.*

[3] Ou *quinte juste.*— [4] Ou *quinte diminuée.*

Renverser un intervalle, c'est remplacer le son le plus bas par son octave au-dessus, ou bien le son le plus haut par son octave au-dessous.

L'unisson renversé devient une octave, et l'octave un unisson.........Do-Do, Do-do
La seconde — — une septième, et la septième une seconde. Do-Ré, Ré-do
La tierce — — une sixte, et la sixte une tierce. ....Do-Mi, Mi-do
La quarte — — une quinte, et la quinte une quarte.....Do-Fa, Fa-do

REMARQUE. Le nombre de degrés contenus dans un intervalle et son renversement égale toujours 9. (*Vérifiez ci-dessus.*)

On appelle *complément* d'un intervalle ce qu'il faut ajouter à cet intervalle pour avoir l'octave. Ce complément n'est autre chose que l'intervalle renversé. Ainsi la seconde a pour complément la septième, et celle-ci a la seconde pour complément

Quand un intervalle est majeur, son complément est mineur, *et vice versa*, car la somme de ces intervalles donne toujours l'octave, qui est une quantité constante. (*Vérifiez plus haut.*)

Les degrés qui forment une seconde s'appellent degrés *conjoints*; ceux qui forment un intervalle plus grand se nomment degrés *disjoints.*

4. DEGRÉS CONJOINTS.

Comme dans toute étude les progrès sont en raison de l'attention qu'on y apporte, nous ne saurions trop recommander à chaque élève de bien s'écouter chanter. Beaucoup de jeunes gens, dans les écoles de chant, suivent aisément la leçon avec leurs condisciples, et sont incapables d'entonner seuls le moindre passage. Cela tient, en grande partie, à ce qu'ils ont pris la fâcheuse habitude de se laisser entraîner par les autres, et de se borner à répéter ce qu'ils entendent, sans chercher à se rendre compte des rapports des sons.

Qu'on s'écoute donc avec la plus grande attention, les succès sont à ce prix.

Bien que le chant simultané offre des avantages incontestables, nous engageons les maîtres à faire chanter parfois leurs écoliers individuellement, surtout quand il s'agit d'appliquer un principe qui vient d'être exposé, ou de surmonter une difficulté d'intonation. C'est le moyen de prévenir l'inconvénient que nous venons de signaler.

Exercices d'intonation.[*]

Chantez, en allant d'abord de bas en haut puis de haut en bas, les sons indiqués dans chaque colonne.							
do							
Si	Si						
La	La	La					
Sol	Sol	Sol	Sol				
Fa	Fa	Fa	Fa	Fa			
Mi	Mi	Mi	Mi	Mi	Mi		
Ré	Ré	Ré	Ré	Ré	Ré	Ré	
Do	Do	Do	Do	Do	Do	Do	Do

Chantez, en allant d'abord de haut en bas puis de bas en haut les sons indiqués dans chaque colonne.							
do	do	do	do	do	do	do	do
Si	Si	Si	Si	Si	Si	Si	
La	La	La	La	La	La		
Sol	Sol	Sol	Sol	Sol			
Fa	Fa	Fa	Fa				
Mi	Mi	Mi					
Ré	Ré						
Do							

On chantera attentivement et à plusieurs reprises les deux exercices suivants, pour habituer l'oreille à l'effet produit par les secondes mineures.

do si *do* si *do* si la si *do*.   do ré mi fa mi fa mi fa mi fa mi ré do.

5. DEGRÉS DISJOINTS.

RÈGLE. Pour apprendre à entonner le second de deux sons formant un intervalle plus grand qu'une seconde,

1º On passera d'abord par les degrés intermédiaires ;

2º On dira seulement les deux sons de l'intervalle, en les séparant toutefois par une légère pause qui permette de chanter, *en pensée*, les sons intercalés ;

3º On chantera enfin l'intervalle sans pause, et on le répétera une ou deux fois, pour donner à l'oreille le temps d'en retenir l'effet.

Soit à entonner la quinte *Do-sol*. On dira d'abord *Do* (*Ré Mi Fa*) *Sol*, en s'écoutant très attentivement et en appuyant plus sur le *Do* et le *sol* que sur les sons entre parenthèse. — Ensuite on chantera : *Do...sol*. — Enfin : *Do-Sol*, *Do-Sol*, *Do-Sol*,... sans hésitation autant que possible.

Cette manière de procéder demande du temps sans doute ; mais c'est la plus sûre pour arriver aux progrès, et la seule qui puisse mettre l'élève à même d'étudier sa leçon et de se suffire sans trop

---

[*] Dans ces exercices et dans *tous ceux qui suivront*, le Maître se bornera autant que possible à entonner la première note : il ne devra chanter ou se servir d'un instrument que pour ramener les élèves au ton. CETTE RÈGLE EST ABSOLUE.

de peine ni d'efforts. D'ailleurs, à mesure qu'on avancera, on aura moins besoin d'y recourir.

Exercices d'intonation.[*]

1° Etudiez séparément, en appliquant la règle ci-dessus et en allant de haut en bas, chacun des groupes de notes placés dans une même colonne verticale.

2° Chantez cette colonne entière et telle qu'elle est écrite, d'abord de haut en bas puis de bas en haut.

3° Chantez les groupes en allant de gauche à droite, puis de droite à gauche.

Nota. Dans les exercices, on supposera la clé de *sol* au commencement de chaque portée.

[*] Ces exercices regardant exclusivement l'intonation, on ne doit d'aucune façon battre la mesure en les étudiant. On se bornera, pendant le second et le troisième procédé, à donner aux sons une durée égale, avec une vitesse d'environ soixante *noires* par minute.

6. DE L'ACCORD PARFAIT OU TRIADE HARMONIQUE.

Il y a des accords de trois et de quatre sons. Exemples:

Accords de trois sons.	**Accord de quatre sons.**
Do—Mi—Sol.	Sol—Si—Ré—fa.
Ré—Fa—La.	

Remarquez que, dans un accord, le deuxième son est une tierce au-dessus du premier; le troisième une tierce au-dessus du second, etc. Les accords sont donc formés de tierces superposées.

Le son le plus bas d'un accord en est la *basse*. Ainsi, dans les exemples que nous venons de donner, *Do* est la basse du premier, *Ré* celle du second, etc.

La basse donne son nom à l'accord : on dit l'accord de *Do*, de *Ré*, de *Mi*, selon que l'accord a pour basse *Do*, *Ré* ou *Mi*.

Un accord de trois sons est dit *parfait* quand l'une des tierces formées par ces sons est majeure. Exemples:

Sol	} tierce mineure.	mi	} *tierce majeure.*
Mi		do	
Do	} *tierce majeure.*	la	} tierce mineure.

L'accord parfait est *majeur* ou *mineur* selon que la tierce la plus basse est majeure ou mineure.

On peut faire un accord parfait sur chacun des six premiers sons de la gamme. Parmi ces accords, trois sont majeurs. (*Vérifiez ci-dessous.*

Accords majeurs.				**Accords mineurs.**			
Sol	do	Ré	} tierce mineure.	La	Si	mi	} tierce majeure.
Mi	La	Si		Fa	Sol	do	
Do	Fa	Sol	} *tierce majeure.*	Ré	Mi	La	} *tierce mineure.*

Lorsque, dans un accord, on remplace le son le plus bas par son octave à l'aigu, on dit qu'il y a *renversement*.

L'accord parfait donne deux renversements. Prenons pour exemple celui de *Do*, nous aurons:

Accord direct. . . .	Do Mi Sol
1er renversement . .	Mi Sol do
2e renversement. . .	Sol do mi

Les sons qu'on ajoute à un accord en répétant à l'octave ceux qui le composent, n'en changent pas la nature. Ainsi, qu'on écrive tant qu'on voudra *Do*, *Mi*, *Sol*, à des octaves différentes, on n'aura jamais que l'accord de *Do*, ou direct ou renversé.

---

7. INTONATION DE L'ACCORD PARFAIT MAJEUR ET DE SES RENVERSEMENTS.

Accord de Do.

En montant.   En descendant.

Do...Mi | Mi...sol | Do Mi sol ‖   Sol...Mi | Mi...Do | Sol Mi Do ‖

Même accord avec l'octave au-dessus de la basse.

En montant.   En descendant.

Do Mi Sol | Sol...do | Do Mi Sol do ‖   Do...Sol | Sol Mi Do | do Sol Mi Do ‖

Exercices d'intonation.

Etudiez d'abord chaque colonne séparément; chantez ensuite tous les groupes situés sur une même portée.

---

8. SUITE DE LA PRÉCÉDENTE.

Tous les accords majeurs sont égaux à celui de *Do*, et conséquemment s'entonnent de la même manière.

Chantez donc de la même manière, et en prenant d'abord les basses sur le même ton :

Do Mi Sol do — do Sol Mi Do,
et Sol Si ré sol — sol ré Si Sol.

Exercices sur l'accord de Sol et ses renversements.

Chantez encore, comme il a été dit plus haut :

Do Mi Sol do — do Sol Mi Do
et Fa La do fa — fa do La Fa.

Exercices sur l'accord de Fa et ses renversements.

9. RÉCAPITULATION.

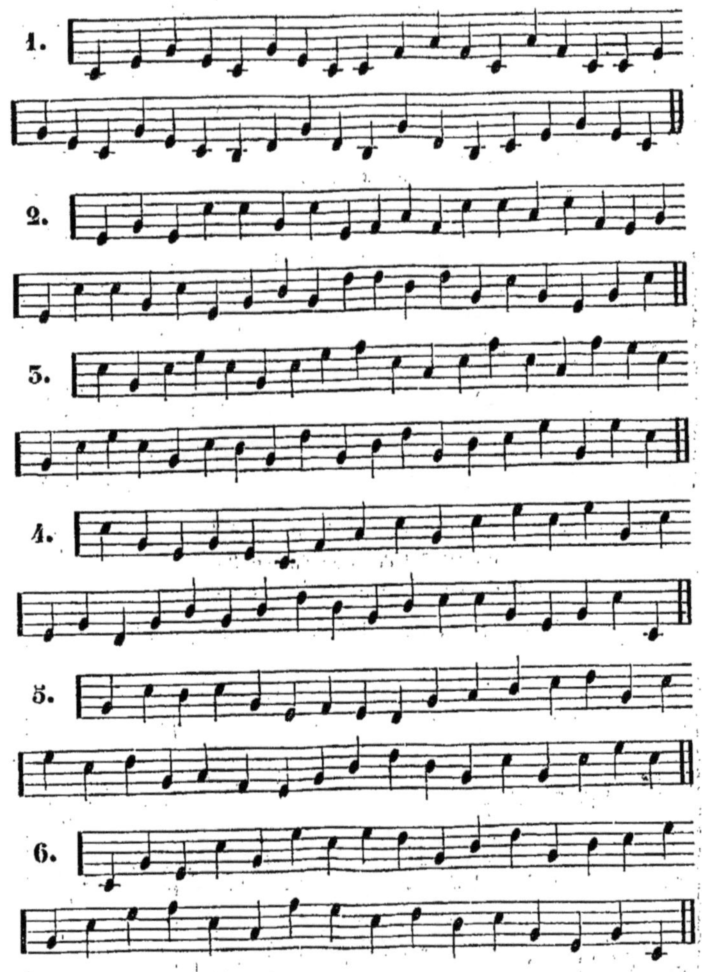

10. INTONATION DE L'ACCORD PARFAIT MINEUR ET DE SES RENVERSEMENTS.

Accord de La.

En montant.

En descendant.

La...do | do...mi | La do mi ‖   mi...do | do...La | mi do La ‖

Même accord avec l'octave au-dessus de la basse.

En montant.

En descendant.

La do mi | mi...la | La do mi la ‖   la...mi | mi do La | la mi do La ‖

Exercices d'intonation.

11. SUITE DE LA PRÉCÉDENTE.

Accord de Ré mineur.

Les accords mineurs sont tous égaux à celui de *La.*
Chantez donc de la même manière :

La do mi la — la mi do La,
et Ré Fa La ré — ré La Fa Ré

Exercices d'intonation.

Accord de Mi *mineur.*

Chantez encore de la même manière :

La do mi la — la mi do La,
et Mi Sol Si mi — mi Si Sol Mi

Exercices d'intonation.

12. RÉCAPITULATION.

13. DE L'ACCORD DE SEPTIÈME ET DE SES RENVERSEMENTS.

Dans l'accord de quatre sons que nous avons vu précédemment (Sol Si ré fa), les deux sons extrêmes forment un intervalle de septième, et comme sa basse est la dominante, on l'appelle accord de *septième de dominante*.

Cet accord a un renversement de plus que l'accord parfait.

        Accord direct . . . Sol Si ré fa
        1er renversement. .   Si ré fa sol
        2e renversement. .   ré fa sol si
        3e renversement. .   fa sol si *ré*

On sous-entend quelquefois la dominante; alors

            Au lieu de Sol Si ré fa,
            On a . . .   Si ré fa.

Dans l'accord qui fait l'objet de cette leçon, la sous-dominante et la sensible ont cela de particulier qu'elles demandent toutes deux à être suivies du son le plus proche. Supposons, par exemple, que, dans un morceau à plusieurs parties, l'accord de dominante, Sol-Si-ré-fa, soit suivi de celui de tonique do-mi-sol. En passant du premier au second, la personne qui d'abord chantera la sensible, *si*, montera au *do*, qui n'est qu'un demi-ton au-dessus; et celle qui chantera la sous-dominante, *fa*, descendra au *mi*, qui n'est qu'un demi-ton au-dessous: l'oreille exige impérieusement qu'il en soit ainsi.

On exprime les propriétés de ces notes en disant que la *sensible tend à monter* et *la sous-dominante à descendre.*

2

EXERCICES D'INTONATION.

14. RÉCAPITULATION.

15. DU DIÈSE ET DU BÉMOL.

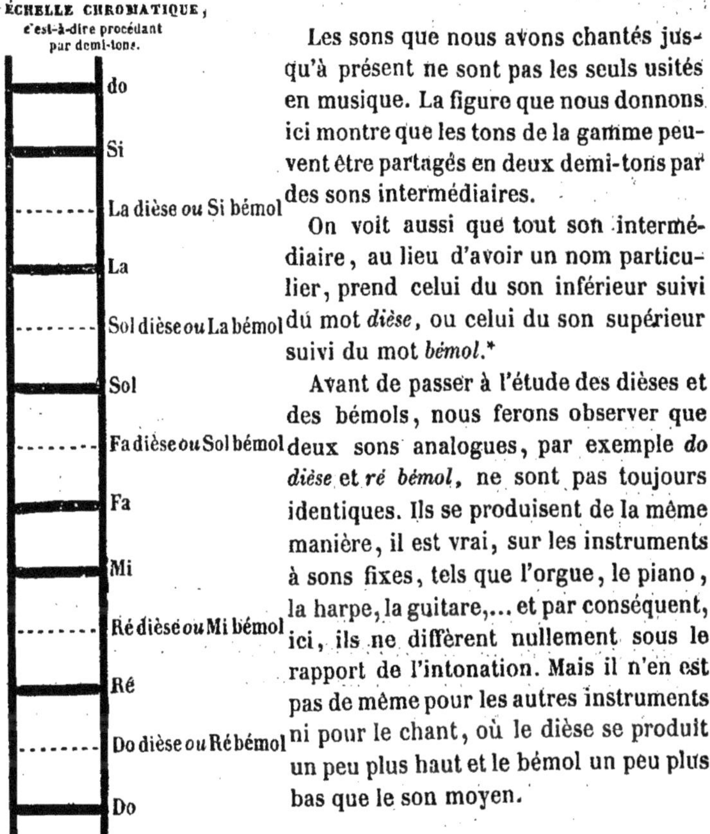

Les sons que nous avons chantés jusqu'à présent ne sont pas les seuls usités en musique. La figure que nous donnons ici montre que les tons de la gamme peuvent être partagés en deux demi-tons par des sons intermédiaires.

On voit aussi que tout son intermédiaire, au lieu d'avoir un nom particulier, prend celui du son inférieur suivi du mot *dièse*, ou celui du son supérieur suivi du mot *bémol*.[*]

Avant de passer à l'étude des dièses et des bémols, nous ferons observer que deux sons analogues, par exemple *do dièse* et *ré bémol*, ne sont pas toujours identiques. Ils se produisent de la même manière, il est vrai, sur les instruments à sons fixes, tels que l'orgue, le piano, la harpe, la guitare,... et par conséquent, ici, ils ne diffèrent nullement sous le rapport de l'intonation. Mais il n'en est pas de même pour les autres instruments ni pour le chant, où le dièse se produit un peu plus haut et le bémol un peu plus bas que le son moyen.

Cette différence n'est guère sensible, surtout pour une oreille peu exercée; il en résulte cependant des propriétés différentes pour le dièse et le bémol.

Le dièse tend à monter, c'est-à-dire, à être suivi du son supérieur

---

[*] C'est pour ne pas trop multiplier les termes musicaux que l'on est convenu de désigner ainsi ces nouveaux sons, car il est évident, par exemple, que le son placé entre *Do* et *Ré* n'est ni un *Do* ni un *Ré*, et qu'il devrait, à la rigueur, recevoir un nom particulier qui dispensât d'employer les mots *dièse* et *bémol*. Nous insistons sur ce point afin d'éviter toute confusion par la suite.

avec lequel il produit le même effet que *Si* avec *Do*; il jouit par conséquent de la propriété de sensible.

Le bémol tend à descendre, c'est-à-dire, à être suivi du son inférieur, avec lequel il produit le même effet que *Fa* avec *Mi*; il jouit ainsi de la propriété de sous-dominante.

Le demi-ton est appelé *diatonique* ou *chromatique*, selon qu'il est formé par des sons de noms différents, comme *do* et *ré bémol*, ou par des sons de même nom, comme *ré bémol* et *ré naturel*.

Il résulte de ce que nous avons dit plus haut que le demi-ton diatonique est plus petit que le chromatique. C'est donc à tort qu'on nomme le premier *majeur* et le second *mineur*.

---

16. ÉTUDE DU DIÈSE.

Rappelons-nous que *tout son* DIÈSE *est un demi-ton plus haut que celui dont il emprunte le nom*.

Lorsqu'un son est dièsé, on le fait savoir par ce signe : ♯, appelé dièse lui-même. Exemple : do ♯, ré ♯.

Dans l'écriture musicale, le signe ♯ se place devant la note qu'il accompagne : ♯ ♪. On ne le nomme pas en solfiant.

Le dièse doit être chanté de manière à produire, avec le son supérieur qui sert à le mesurer, le même effet que *si* avec *do*.

Pour se familiariser avec son intonation, on chantera d'abord à plusieurs reprises, et en s'écoutant très attentivement : *do si do, do si do*, etc.

Puis on dira de la même manière chacun des groupes suivants, en prenant le son qui précède le dièse sur le ton où l'on aura d'abord fait entendre le *do*. Enfin on chantera chaque groupe en prenant le premier son sur un ton différent.

Ré Do ♯ Ré | Mi Ré ♯ Mi | Sol Fa ♯ Sol | La Sol ♯ La | Si La ♯ Si ‖

Le dièse n'est pas toujours précédé ni suivi du son qui sert à le mesurer; dès lors l'intonation en devient plus difficile. Un exemple suffira pour faire comprendre comment on doit procéder dans ce cas.

Supposons qu'on ait à solfier : do Fa ♯ La Sol ;

1° On dira, en rétablissant Sol avant et après Fa ♯ : do (Sol) Fa ♯ (Sol) La Sol.

2° On reprendra le même passage en ne rétablissant le *sol* que par la pensée, et en faisant une légère pause : do... Fa ♯... La Sol.

3° On chantera enfin avec le moins d'hésitation possible : Do Fa ♯ La Sol.

Exercices d'intonation.

Nota. Dans ce qui suit, toute note non précédée d'un dièse devra être chantée naturelle.

17. ÉTUDE DU BÉMOL.

Rapelons-nous que *tout son* BÉMOL *est un demi-ton plus bas que celui dont il emprunte le nom.*

Lorsqu'un son est bémol, on l'indique par ce signe : ♭, nommé *bémol,* et qui s'emploie de la même manière que le dièse.

Le bémol doit être chanté de manière à produire avec le son inférieur, qui sert à le mesurer, le même effet que *Fa* avec *Mi.*

Pour se familiariser avec son intonation, on chantera d'abord plusieurs fois et en s'écoutant avec beaucoup d'attention : Mi Fa Mi | Mi Fa Mi | etc.

Puis on dira de la même manière chacun des groupes ci-dessous, en prenant le son qui précède le bémol sur le ton où l'on aura d'abord produit le *mi.* Enfin on chantera chaque groupe sur un ton différent.

Do Ré♭ Do | Ré Mi♭ Ré | Fa Sol♭ Fa | Sol La♭ Sol | La Si♭ La.

Le bémol comme le dièse n'est pas toujours précédé ni suivi du son qui sert à le mesurer. Nous montrerons encore par un exemple comment on peut, dans ce cas, faire disparaître toute difficulté.

Soit à solfier Mi Si♭ Sol Fa.

1º On dira, en rétablissant *La* avant et après si♭ : Mi (La) Si ♭ (La) Sol Fa.

2º On reprendra le même passage en ne rétablissant *La* que par la pensée, et en faisant une légère pause : Mi... Si♭... Sol Fa.

3º On chantera enfin avec le moins d'hésitation possible : Mi Si♭ Sol Fa.

Exercices d'intonation.

Nota. Dans ce qui suit, toute note non affectée d'un dièse ou d'un bémol doit se chanter naturelle.

---

* On prendra ces exercices d'un mouvement plus lent que les autres.

18. GÉNÉRATION DES DIÈSES CONSTITUTIFS.*

Le *do* ne jouit pas seul de la propriété de tonique : un son quelconque peut devenir le premier degré d'une gamme semblable à celle que nous avons étudiée jusqu'ici. Considérons les deux séries de sons suivants :

<pre>
                                                    ton   1/2 ton
1re SÉRIE. Do ——— Ré ——— Mi — Fa —— Sol —— La ——— Si — do.
              ton   ton 1/2 ton ton   ton
2e SÉRIE. Sol —— La —— Si — do —— ré —— mi — fa —— sol.
                                          1/2 ton   ton
</pre>

---

* Dans le cas où cette leçon et les deux suivantes paraîtraient trop difficiles, on pourra ne s'arrêter d'abord qu'à ce qu'elles renferment de rigoureusement indispensable, sauf à la reprendre plus tard.

En comparant attentivement les deux hexacordes* Do Ré Mi Fa Sol La, et Sol La si do ré mi, on verra que les secondes dont ils se composent se succèdent dans le même ordre, savoir: deux majeures, une mineure et deux majeures, et que par conséquent ils doivent produire à l'oreille exactement le même effet. Les secondes qui suivent les deux hexacordes ne se correspondent plus de la même manière, il est vrai; la première ligne présente une seconde majeure puis une mineure, tandis que la ligne inférieure contient une seconde mineure puis une majeure. Mais, pour faire disparaître cette différence, il suffira de substituer au *fa* un autre son qui fasse un ton avec *mi* et un demi-ton avec *sol*. Or le *fa*♯ peut remplir ces deux conditions. En opérant cette substitution, on aura donc les deux gammes égales:

Do ——Ré——Mi—Fa——Sol——La——Si — do
    ton   ton 1/2ton ton   ton   ton 1/2ton
Sol——La——Si — do——ré ——mi——fa♯—sol

Où l'on voit qu'au moyen du *fa*♯ on peut construire une gamme semblable à la gamme naturelle, et qui a *sol* pour tonique.

En prenant successivement pour tonique les sons ré, mi, fa♯, sol, la, si, et do♯, et en rangeant les gammes selon le nombre de dièses qu'elles contiennent, on aura :

Do♯	Ré♯	Mi♯	Fa♯	Sol♯	La♯	*Si♯ do♯·
Fa	Sol♯	La♯	Si	do♯	ré	*mi fa
Si	do♯	ré♯	mi	fa♯	sol♯	*la♯ si·
Mi	Fa♯	Sol♯	La	Si	do♯	*ré♯ mi.
La	Si	do♯	ré	mi	fa♯	*sol♯ la.
Ré	Mi	Fa♯	Sol	La	Si	*do♯ ré.
Sol	La	Si	do	ré	mi	*fa♯ sol.

REMARQUES. 1°:

La gamme de sol contient un dièse : fa♯ do♯ sol♯ ré♯ la♯ mi♯ si♯.
celle de ré en contient deux : fa♯ do♯ sol♯ ré♯ la♯ mi♯
celle de la — — trois : fa♯ do♯ sol♯ ré♯ la♯
celle de mi — — quatre : fa♯ do♯ sol♯ ré♯
celle de si — — cinq : fa♯ do♯ sol♯
celle de fa♯ — — six : fa♯ do♯
celle de do♯ — — sept : fa♯

2° Le *fa*♯ peut s'employer seul, et les autres ne peuvent s'employer sans lui : c'est donc le premier. — Par une raison semblable,

---

* *Hexacorde*, suite de six sons dont les deux extrêmes sonnent la sixte.

Do est le deuxième, *Sol* le troisième, *Ré* le quatrième, etc. Les dièses constitutifs* doivent donc s'énoncer dans cet ordre, *Fa, Do, Sol, Ré, La, Mi, Si.*

3° Le deuxième dièse est une quinte *au-dessus* du premier; le troisième, une quinte au-dessus du deuxième, et ainsi de suite. Donc, si l'on part du premier dièse, on trouvera tous les autres en allant de *quinte en quinte en montant.*

4° Sachant le nombre de dièses employés dans une gamme, on peut trouver quels sont ces dièses.

5° Le dernier des dièses constitutifs d'une gamme, énoncés selon leur ordre de génération, affecte toujours le septième degré. Il suffira donc de connaître le nombre de ces dièses pour trouver la sensible et par suite la tonique. En effet, supposons que les dièses soient au nombre de 4. Ils ne peuvent être que *fa, do, sol, ré.* Ré ♯ étant la note sensible, la tonique est *mi.*

Il résulte encore de là que, la tonique étant connue, on trouvera le nombre des dièses constitutifs, en nommant les dièses jusqu'à ce qu'on soit arrivé à celui qui affecte la note sensible. Par exemple, si la tonique est *la,* le dernier dièse constitutif est *sol;* il entre donc dans la gamme les trois dièses *fa, do, sol.*

---

19. GÉNÉRATION DES BÉMOLS CONSTITUTIFS.

Les bémols, comme les dièses, peuvent entrer dans la construction des gammes. En comparant les deux séries de sons qui suivent, comme nous avons fait dans la leçon précédente,

```
                                  1/2 ton    ton
1re SÉRIE :  Do——Ré——Mi—Fa———— Sol——La——Si—do
                ton      ton                         ton    ton  1/2 ton
2e  SÉRIE :  Fa——Sol——La —— Si—do—— ré ———mi—fa
                              ton    1/2 ton
```

On reconnaîtra que la seconde diffère de la première en ce que le 4ᵉ son, le *si,* forme avec le son précédent une seconde majeure, et avec le suivant une seconde mineure, tandis que le 4° son de la première série, le *fa,* forme avec les deux sons entre lesquels il est placé, d'abord une seconde mineure, puis une majeure. Le *si* doit donc être remplacé par un son qui produise le même effet que le

---

* C'est-à-dire qui servent à la construction de la gamme.

fa, et ce son ne peut être que le *si* ♭. En effectuant ce changement, on aura les deux gammes égales :

Do——Ré——Mi—Fa——Sol——La——Si— do
   ton   ton 1/2ton ton   ton   ton 1/2ton
Fa——Sol——La—Si♭——do—— ré——mi—fa

En prenant successivement pour tonique chacun des sons ré ♭, mi ♭, fa, sol ♭, la ♭, si ♭, do ♭, et en disposant les gammes d'après le nombre de bémols constitutifs qu'elles exigent, on aura :

Fa	Sol	La	*Si♭	do	ré	mi	fa
Si♭	do	ré	*mi♭	fa	sol	la	si♭
Mi♭	Fa	Sol	*La♭	Si♭	do	ré	mi♭
La♭	Si♭	do	*ré♭	mi♭	fa	sol	la♭
Ré♭	Mi♭	Fa	*Sol♭	La♭	Si♭	do	ré♭
Sol♭	La♭	Si♭	*do♭	ré♭	mi♭	fa	sol♭
do♭	ré♭	mi♭	*fa♭	sol♭	la♭	si♭	do♭.

REMARQUES. 1° :

La gamme de fa contient un bémol .. si♭
   celle de si♭ — deux bémols. si♭, mi♭.
   celle de mi♭ — trois   — si♭, mi♭, la♭.
   celle de la♭ — quatre — si♭, mi♭, la♭, ré♭.
   celle de ré♭ — cinq   — si♭, mi♭, la♭, ré♭, sol♭.
   celle de sol♭ — six   — si♭, mi♭, la♭, ré♭ sol♭ do♭.
   celle de do♭ — sept — si♭, mi♭, la♭, ré♭, sol♭, do♭, fa♭.

2° Le *si* ♭ peut s'employer seul, et les autres ne vont qu'avec lui. C'est donc le premier. Par une raison analogue, *mi* ♭ est le deuxième, la ♭ le 3ᵉ, etc.

Les bémols constitutifs doivent donc se dire dans cet ordre: *si, mi, la, ré, sol, do, fa.*

3° Le deuxième bémol est une quinte *au-dessous* du premier; le troisième, une quinte au-dessous du deuxième, etc. Donc, si l'on part du premier bémol, on trouvera tous les autres en allant de *quinte en quinte en descendant.*

4° Sachant le nombre de bémols employés dans une gamme, on peut trouver quels sont ces bémols, et, par conséquent, en déterminer l'avant-dernier.

5° L'avant-dernier des bémols d'une gamme, énoncés selon leur ordre de génération, affecte toujours la tonique. Il suffit donc de savoir le nombre de ces bémols et de les énoncer comme nous venons de dire, pour trouver la tonique de la gamme à laquelle ils appartiennent.

Et réciproquement, la tonique étant connue, on sait aussi quel est l'avant-dernier des bémols, dont le nombre alors est facile à déterminer. Que la tonique soit *la* ♭, par exemple; l'avant-dernier bémol constitutif de la gamme portant le même nom et se trouvant le troisième dans l'ordre de génération, la gamme en exige évidemment quatre.

20. DES TONS A ÉTUDIER.

Nous avons vu, dans les deux Leçons précédentes, la génération des dièses et des bémols. En poussant plus loin le même travail, nous aurions trouvé des doubles-dièses et des doubles-bémols, c'est-à-dire, des sons qui se chantent un ton plus haut ou plus bas que ceux dont ils empruntent les noms *. Mais cette recherche n'a pas pour nous une utilité suffisante.

Les gammes que nous avons construites sont toutes égales à celle de *do*, et non-seulement elles produisent le même effet, mais elles deviendront évidemment identiques, si l'on prend toutes les toniques sur le même ton : les noms des degrés auront seuls changé.

Il s'en suit que tout air écrit *en do*, c'est-à-dire, avec les sons de la gamme de *do*, pourra s'écrire en *ré*, en *mi*, en *fa*, enfin dans un ton quelconque, sans cesser d'être le même air. Par exemple, l'air *Au clair de la lune*, écrit :

```
En do:  do do do ré    mii    réé  do mi   ré   ré   do...
En ré:  ré ré ré  mi    faa♯   mii  ré fa♯  mi   mi   ré...
En mi:  mi mi mi fa♯   sool♯  faa♯ mi sol♯ fa♯  fa♯  mi...
```

etc., est toujours le même.

Mais ne suit-il pas aussi de cette égalité que l'étude des nouvelles gammes soit inutile?

Avant de répondre à cette question, nous ferons d'abord observer que ce qui vient d'être dit ne s'applique nullement à la musique instrumentale.

---

* Ces sons, peu usités dans la musique élémentaire, s'indiquent au moyen des signes suivants : ♯ ou ✕ (double dièse), ♭♭ (double bémol).

Sur les instruments, en général, chaque son se produisant d'une manière particulière, ne change point de nom. La gamme de *ré* est toujours un ton au-dessus de celle *do*; de celle de *mi* ♭ un demi-ton au-dessus de celle de *ré*, etc. Ici la connaissance des gammes est donc indispensable, et nécessite une étude dont la difficulté est proportionnée à celle de l'instrument.

Sans doute, il n'en est pas de même de la voix, dont le mécanisme merveilleux n'exige que de l'oreille. Chacun sait naturellement tirer de son gosier un son plus ou moins harmonieux, selon l'organe dont la nature l'a doué, et l'étude n'a pour objet que d'en régler la justesse. Les gammes se produisent toutes d'une manière semblable, et, à la rigueur, on n'aurait qu'à écrire tous les airs en *do*, sauf, en chantant, à prendre le ton plus haut ou plus bas, selon que l'air ou la nature de la voix l'exigerait.

Mais outre que ce procédé contrarie le principe suivi pour la musique instrumentale, il ne serait guère praticable quand la musique renferme des *modulations*, c'est-à-dire, des passages écrits avec une gamme différente de celle dont on s'est servi d'abord. Ces changements de ton présenteraient souvent plus d'une difficulté sérieuse, que l'on comprendra mieux par la suite *. Nous nous conformerons donc à l'usage, sauf à n'étudier que ce qui a réellement besoin de l'être.

Dans la musique vocale, le nombre des tons à étudier se réduit rigoureusement à sept. En effet, que les sons soient naturels, dièses ou bémols, on les nomme toujours de la même manière en solfiant la gamme.

Par exemple, que l'on chante la gamme de *ré* et celle de *ré* ♭, on prononcera dans les deux cas: *ré*, *mi*, *fa*, *sol*, *la*, *si*, *do*, *ré*. Pourtant *ré* naturel se construit avec deux dièses, et *ré* bémol avec cinq bémols.

Il y a plus; dans la notation usuelle, on écrirait aussi ces deux gammes de la même manière, et les signes employés reviendraient à ceci :

Chantez avec fa ♯ et do ♯. . . . . ré mi fa sol la si do ré
    avec si ♭, mi ♭, la ♭, ré ♭, sol ♭: ré mi fa sol la si do ré

---

* Voyez la 30ᵉ Leçon.

Ainsi il n'y a aucune espèce de différence dans la manière de dire et d'écrire la gamme de *ré* naturel et celle de *ré* bémol. Quand on sait l'une, on sait l'autre ; il n'y en a bien qu'une à étudier.

Or, ce que nous venons de dire de ces deux tons se dirait également de *do* et de *do* ♯, de *mi* et de *mi* ♭, etc. Il est donc démontré que le nombre des tons à étudier ne dépasse pas celui des sons de la gamme.

Maintenant écrivons de haut en bas les toniques des gammes construites avec des dièses ; écrivons ensuite à droite, et cette fois de bas en haut, celle des autres gammes ; plaçons enfin à la suite de chaque tonique le nombre de dièses ou de bémols exigés par le ton.

toniques	dièses	toniques	bémols
do	0	do ♭	7
sol	1	sol ♭	6
ré	2	ré ♭	5
la	3	la ♭	4
mi	4	mi ♭	3
si	5	si ♭	2
fa ♯	6	fa	1
do ♯	7	do	0

Ce petit tableau présente dans chaque ligne horizontale deux tons homonymes, c'est-à-dire, qui se désignent par le même nom. Et nous pouvons faire cette remarque, que le nombre des dièses d'un ton augmenté de celui des bémols de son homonyme, égale toujours 7. Il est aisé de s'en rendre raison. Qu'une gamme renferme trois dièses ; si l'on veut la baisser d'un demi-ton, on commencera par supprimer les dièses, ce qui baissera trois sons. Il restera donc quatre sons naturels à remplacer par des bémols. Ainsi, 3 dièses d'un côté, — 4 bémols de l'autre, — en tout, 7 accidents.

Cette remarque conduit à trouver sur le champ le nombre de dièses ou de bémols de l'homonyme d'un ton. Par exemple, un ton exige-t-il 5 dièses, — son homonyme veut 2 bémols ; si le premier voulait 6 bémols, le second ne demanderait qu'un dièse.

De tout ce qui précède, on peut conclure qu'il suffit d'étudier les tons qui ne prennent pas plus de trois dièses ou de trois bémols constitutifs. Et c'est à cela que nous bornerons nos exercices :

quand nous rencontrerons une gamme, un ton, qui demandera plus de dièses ou de bémols, nous y substituerons mentalement son homonyme.

Substituer un ton à un autre, c'est ce qu'on appelle *transposer*.

La *transposition* donne lieu parfois à certaines règles que nous verrons dans la Leçon suivante.

______

21. DU DIÈSE, DU BÉMOL ET DU BÉCARRE DANS L'ÉCRITURE MUSICALE.

Afin de ne pas trop multiplier les dièses et les bémols dans l'écriture, on a établi les règles suivantes.

1° Tout dièse ou bémol, placé devant une note, influe sur toutes les notes du même nom qui viennent après dans la même mesure.

2° Tout dièse ou bémol placé à la clé influe sur toutes les notes du même nom qui viennent ensuite dans la même portée. Exemples :

Les deux règles précédentes ont fait imaginer un nouveau signe destiné à détruire l'effet d'un dièse ou d'un bémol précédent, ou, comme on dit, à remettre la note dans son ton naturel. Ce signe, appelé *bécarre*, s'emploie comme les autres, devant les notes et à la clé, bien que dans le second cas il soit inutile.

Les dièses et les bémols constitutifs sont les seuls qui se placent à la clé. On peut d'après leur nombre déterminer la tonique de la gamme dont les sons ont servi à composer le morceau, ou, en d'autres termes, trouver le ton dans lequel le morceau a été écrit. Les règles à suivre découlent naturellement de ce qui a été dit dans la 18ᵉ et la 19ᵉ leçon, les voici :

Avec des dièses à la clé, la tonique se trouve un degré au-dessus du dernier.

Avec un bémol, la tonique est *fa*. Avec plusieurs, la tonique prend le nom de l'avant-dernier bémol.

Lorsqu'on veut transposer, comme nous l'avons dit à la fin de la dernière leçon, les accidents, c'est-à-dire, les dièses, les bémols, etc., qu'on rencontre dans le courant du morceau, demandent une attention particulière, et donnent lieu aux règles suivantes :

1° Toute note précédée d'un dièse ou d'un bémol déjà écrit à la clé, se chante naturelle.

2° Toute note précédée d'un bécarre se chante dièse ou bémol, selon que le bécarre détruit l'effet d'un bémol ou d'un dièse de la clé.

Les autres accidents sont soumis aux règles générales.

---

22. ÉTUDE DES TONS AVEC DES DIÈSES.

1° Ton de *sol*.

Après avoir chanté la gamme de *do*, dites celle de *sol*, sur le même ton et à plusieurs reprises. Portez toute votre attention sur le *fa* ♯ qui a ici la propriété de sensible : en l'entonnant, pensez au *si* de la gamme modèle.

Chantez le premier accord modèle, et prenez sur le même ton son correspondant, que vous direz plusieurs fois. Passez au second et procédez de même.....

Exercice.

On étudiera chaque groupe séparément, puis on prendra l'exercice tout d'un trait.

23. CONTINUATION.

2° Ton de *ré.*

Procédez comme il a été dit dans la leçon précédente.

En entonnant *do* ♯, pensez au *si* de la gamme modèle.

Chantez le premier accord modèle, et prenez sur le même ton son correspondant, que vous direz plusieurs fois, etc.

Exercice.

On étudiera chaque groupe séparément, puis on prendra l'exercice tout d'un trait.

---

24. CONTINUATION.

3° Ton de *la*.

En entonnant *sol* ♯, pensez au *si* de la gamme modèle.

Pour entonner les accords, procédez comme il a été dit dans les leçons précédentes.

Exercice.

---

25. ÉTUDE DES TONS AVEC DES BÉMOLS.

1º Ton de *fa*.

En entonnant le *si* ♭, pensez au *fa* de la gamme modèle.

Pour les accords, conformez-vous à ce qui a été dit précédemment.

26. CONTINUATION.

2º Ton de *si* ♭.

En entonnant le *mi* ♭, pensez au *fa* de la gamme modèle.

Exercice.

27. CONTINUATION.

3º Ton de *mi* ♭.

En entonnant *la* ♭, pensez au *fa* de la gamme modèle.

Exercice.

---

28. DES MODES.

Nous avons vu jusqu'ici le premier demi-ton de la gamme placé du troisième au quatrième degré : ce demi-ton peut aussi se placer du deuxième degré au troisième.

Exemple :

$$\text{Ton de } la \begin{cases} \overset{\text{2 tons}}{\text{La} - \text{Si} - \text{do}\sharp} - \text{ré} - \text{mi} - \text{fa}\sharp - \text{sol}\sharp - \text{la.} \\ \underset{\text{1 ton 1/2}}{\text{La} - \text{Si} \quad \text{do}} \quad - \quad \text{ré} - \text{mi} - \text{fa}\sharp - \text{sol}\sharp - \text{la.} \end{cases}$$

Ces deux manières de construire la gamme d'un même ton se nomment *modes*.

Le mode est dit *majeur* ou *mineur*, selon que la première tierce de la gamme est elle-même majeure ou mineure. Ainsi la première des gammes précédentes est celle du ton de *la, mode majeur*, et la seconde, celle du ton de *la, mode mineur*,—ou en simplifiant le langage, l'une est en *la majeur*, et l'autre est en *la mineur*.

Dans le mode mineur, la gamme descendante est ordinairement

privée de sensible. Ainsi au lieu de descendre la gamme de cette
manière :

la sol ♯ fa ♯ mi ré do Si La,

On chante :

la sol   fa   mi ré do Si La

On remarquera que la gamme descendante de *la* mineur se construit avec des sons naturels, comme celle de *do* majeur.

Ces deux tons ont encore cette ressemblance, qu'ils ne veulent
tous deux à la clé ni dièses ni bémols.

Pour cette raison, on dit que ce sont des tons *relatifs.*

Chaque ton majeur a un relatif mineur. La tonique du second
est toujours une tierce au-dessous de celle du premier. Ainsi le ton
relatif de *sol* majeur est *mi* mineur, celui de *la* majeur, *fa* ♯ mineur, etc.

Ici se présente une difficulté réelle pour les commençants et
même pour nombre de personnes qui n'ont pas suffisamment étudié
les principes de la musique.

Les tons majeurs et leurs relatifs s'écrivant avec le même nombre
de dièses et de bémols à la clé, comment peut-on savoir si l'air est
en majeur ou en mineur? Par exemple, avec un dièse à la clé, à
quoi reconnaîtra-t-on si le morceau est écrit dans le ton de *sol* ou
dans son relatif?

On peut le reconnaître à plusieurs signes, savoir :

1° *A la note finale, quand l'air est à une partie,* car dans ce cas, il
se termine toujours par la tonique. — Ainsi, avec un dièse à la clé,
on est en *sol* majeur ou en *mi* mineur, selon que la dernière note
est un *sol* ou un *mi.*

2° *A l'absence ou à la présence de la tonique mineure parmi les notes fi-
nales d'un morceau à plusieurs parties.* — Dans le cas supposé, on sera
en *mi* mineur, si le *mi* termine une partie; sinon on sera en *sol.*

3° *A l'absence ou à la présence, dans les premières mesures, d'un dièse ou
d'un bécarre devant la dominante du ton majeur.* — La tonique majeure
étant *sol,* la dominante est *ré;* si donc cette note se présente naturelle tout d'abord, on est en *sol;* si elle est affectée d'un *dièse,* on
est en *mi*[*].

---

[*] Ce signe manque quelquefois, et n'est pas toujours certain.

4° *A l'accord qui commence la première mesure entière d'un morceau à plusieurs parties*, cet accord étant ordinairement celui du ton.

Il est encore d'autres signes, dont nous nous abstenons de parler, parce qu'on ne les reconnaît qu'après une longue pratique.

---

29. GAMMES MINEURES.

On chantera d'abord plusieurs fois la première moitié de la gamme de *la*, puis la seconde avec l'accord. Et ce n'est que quand cette gamme, type des autres, sera parfaitement sue, qu'on passera aux suivantes.

30. MÉTHODE DES TRANSPOSITIONS.

La *méthode des transpositions* consiste à ramener tous les tons et tous les modes à ceux de *do* majeur et de *la* mineur, au moyen d'un simple changement de clé. Deux exemples la feront comprendre.

Supposons un air écrit en clé de *sol* et avec trois dièses. La tonique majeure, *la*, se trouvera placée dans le deuxième interligne. Cette note devant s'appeler *do*, on n'aura qu'à substituer la clé de *fa* 4ᵉ ligne à celle de *sol*, et à chanter comme s'il n'y avait point de dièses.

Qu'il s'agisse d'un air écrit en clé de *do* 1ʳᵉ ligne, et avec deux bémols. Ici, la tonique majeure sera placée sur la quatrième ligne. On opérera la transposition en mettant la clé de *do* sur la même ligne que la tonique.

Les accidents qu'on rencontre dans le morceau sont soumis aux règles que nous avons données précédemment. (21ᵉ Leçon.)

Cette méthode, qui ne peut s'appliquer qu'au chant, n'est pas d'une aussi grande simplicité qu'elle le paraît tout d'abord. Elle devient insuffisante, quand (ce qui arrive le plus ordinairement) la musique contient des *modulations* indiquées autrement que par une armure particulière de la clé. En effet, pour exécuter convenablement ces modulations, qu'on ne peut transposer, il ne suffit pas évidemment de savoir solfier en *do*, il faut encore avoir étudié les tons dans lesquels elles sont écrites. La méthode ne dispense donc pas de ce travail comme on le prétend.

Indiquons un moyen peut-être plus réel de simplification.

Au lieu de chercher à ramener l'étude de la musique vocale à celle de deux tons, l'un majeur et l'autre mineur, écrits en 7 clés différentes, ne vaudrait-il pas mieux étudier les 7 tons majeurs et mineurs, et ramener les 7 clés à une seule, celle de *sol*, par exemple? Qu'on en juge.

Ce procédé consiste tout simplement à changer l'armure de la clé.

Prenons deux exemples, comme nous avons fait précédemment.

Soit d'abord un morceau écrit en clé de *do* 4ᵉ ligne, et avec quatre dièses.

D'après ces données, la tonique majeure, *mi*, se trouverait sur la cinquième ligne. Or, à la clé de *sol*, cette note serait un *fa*. On transposera l'air en *fa*, en remplaçant la clé écrite par celle de *sol*, et en substituant un bémol aux quatre dièses.

Supposons à présent un air écrit en clé de *fa* troisième ligne, et avec deux bémols.

La tonique majeure, *si*, sera placée dans le quatrième interligne. Or, avec la clé de *sol*, une note dans cette position est un *mi*. On transposera en *mi* au moyen de la clé de *sol* armée de trois bémols ou quatre dièses.

Quant aux accidents, ils produisent, dans le ton où l'on chante, le même effet que dans le ton écrit. On n'a donc qu'à regarder si, dans le ton écrit, ces accidents haussent les notes, les baissent, ou les rétablissent dans le ton qu'elles ont dans leur gamme.

Ce procédé a cet avantage qu'il n'exige aucune étude ; mais il ne serait pas rationnel de s'en servir en solfiant à plusieurs parties écrites à des clés différentes, car les élèves ne paraîtraient pas chanter dans le même ton.

Nous terminerons cette leçon en prévenant que, si l'on voulait essayer de la *méthode des transpositions* proprement dite, on trouvera nos exercices disposés de la manière la plus favorable.

FIN DE LA PREMIÈRE PARTIE.

DEUXIÈME PARTIE.

DE LA MESURE.

1. DE L'UNITÉ DE MESURE ET DE SES DIVISIONS PRINCIPALES.

Les sons, quant à la durée, peuvent être *mesurés.* On conçoit en effet qu'un son puisse durer une, deux, trois, quatre fois autant qu'une seconde ou toute autre unité de temps.

Dans la mélodie, les sons ont tous une durée déterminée.

Cette durée se rapporte à une unité principale appelée *mesure.*

La mesure se divise en *deux* ou en *trois* parties égales nommées *temps.* Ce qui fait dire que la mesure est à *deux* ou à *trois temps*, selon le nombre de ses parties.

La mesure divisée en *deux* parties égales peut se subdiviser en parties *deux* fois plus petites; il en résulte alors une mesure à *quatre temps.* *

Les temps se marquent par des mouvements égaux de la main ou du pied, et c'est ce qu'on appelle *battre la mesure.*

Les figures suivantes indiquent comment se bat la mesure

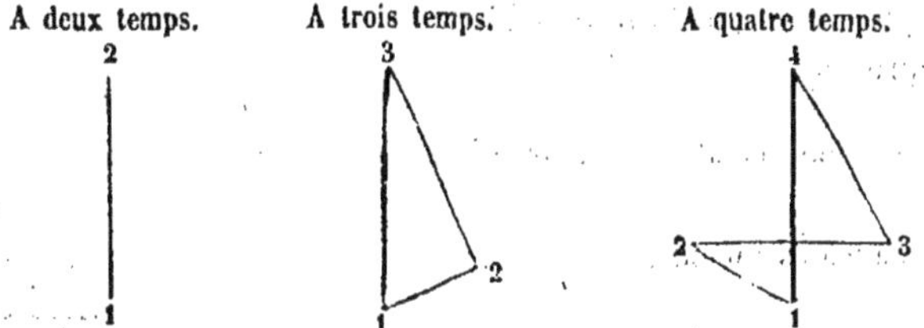

(*) La subdivision peut même être poussée plus loin; mais quel que soit le nombre de temps que l'on fasse, ce nombre doit toujours être un multiple de 2 ou de 3.

Pour se familiariser un peu avec ces mesures, on s'exercera d'abord à en battre un certain nombre à deux temps, avec la main, et en disant d'une manière bien égale : *un, deux, un, deux*, etc. Puis on chantera la gamme ascendante et descendante, en donnant à chaque son la durée d'une mesure que l'on battra convenablement. Cela bien compris, on fera le même travail sur les deux autres espèces de mesure.

---

2. DES NOTES CONSIDÉRÉES COMME SIGNES DE DURÉE.

Les notes ont diverses formes destinées à représenter des durées différentes. Les plus usitées sont : la *ronde* (O), la *blanche* (d), la *noire* (♩), la *croche* (♪) et la *double-croche* (♬).

Dans le double but de rendre l'écriture de la musique plus rapide, et la lecture plus facile, on réunit par un ou deux gros traits plusieurs croches ou doubles-croches successives.

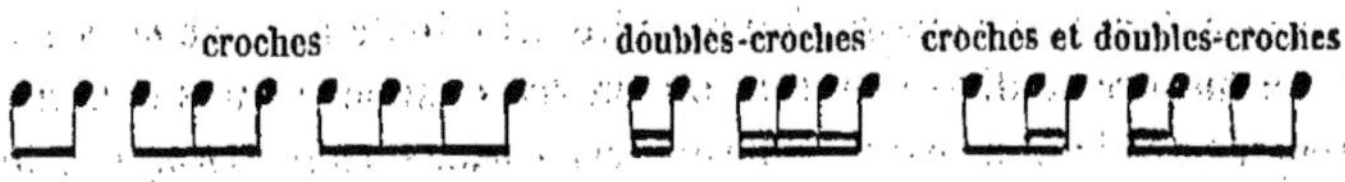

crochesdoubles-crochescroches et doubles-croches

La ronde représente une durée deux fois plus longue que la blanche.
La blanche ———— ———— ———— ———— la noire.
La noire ———— ———— ———— ———— la croche, etc.

Et c'est ce qu'on veut exprimer en disant que la ronde vaut deux blanches ; la blanche, deux noires, etc.

Les notes sont quelquefois suivies d'un point. Ce point indique qu'il faut prolonger le son d'une quantité égale à la moitié de la durée représentée par la note seule.

D'après cela,

La ronde pointée vaut trois blanches : O . = d d d

La blanche pointée — trois noires : d . = ♩ ♩ ♩

La noire pointée — trois croches : ♩ . = ♪ ♪ ♪

3. DES SIGNES DE MESURE.

Dans la musique écrite, on donne le nom de *mesure* à chacune des parties égales dans lesquelles un air est divisé, au moyen de petits traits perpendiculaires à la portée.

Chaque mesure renferme deux, trois ou quatre temps, et ces temps, selon leur nombre, se battent comme nous l'avons vu précédemment.

Pour épargner au lecteur la peine de chercher de combien de temps les mesures se composent (ce qui ne serait pas toujours facile à cause des vices de notre notation), on l'indique dès le commencement du morceau, au moyen de certains signes dont nous nous bornerons à faire connaître les plus usités.

Ceux de la mesure à 2 temps sont : $\mathbf{2}$ ou $\mathbb{C}$, $\frac{2}{4}$, $\frac{6}{8}$.

— à 3 temps — : $\mathbf{3}$ ou $\frac{3}{4}$, $\frac{3}{8}$, $\frac{9}{8}$.

— à 4 temps — : $\mathbf{4}$ ou $\mathbf{C}$, $\frac{12}{8}$.

Les fractions qui figurent parmi ces signes se lisent : *deux-quatre, six-huit, trois-quatre*, etc ; elles indiquent toutes ce qui entre de la valeur de la ronde dans une mesure. Ainsi $\frac{2}{4}$ signifie que, pour remplir une mesure, il faut la valeur de deux quarts de ronde ou de deux noires, etc.

Dans les mesures marquées $\mathbf{2}$ ou $\mathbb{C}$, $\mathbf{4}$ ou $\mathbf{C}$, il entre la valeur d'une ronde entière.

Les exemples suivants faciliteront encore l'intelligence de ce qui vient d'être dit.

4. DES SILENCES.

Pour indiquer les pauses qu'on doit faire en chantant, on se sert de signes appelés *silences*.

La durée des silences se mesure comme celle des notes.

Il y a des silences qui durent une ou plusieurs mesures, d'autres dont la durée correspond à certaines valeurs de notes. Les premiers sont.

1° La *pause* ou silence d'une mesure entière, quelle qu'elle soit, à deux, à trois ou à quatre temps. Ce signe se place ordinairement sous la quatrième ligne de la portée; ainsi 

2° Le *bâton* de deux et le *bâton* de quatre pauses :

Remarquez que le nombre de mesures qu'on a à *compter*, c'est-à-dire à rester sans chanter, est toujours indiqué au-dessus des silences.

Parmi les silences qui correspondent à certaines valeurs de notes pour la durée, nous nommerons :

1° La *demi-pause*, qui vaut la moitié d'une mesure, et qu'on n'emploie que quand la mesure entière contient au moins la valeur d'une ronde. Ce signe a la forme de la pause, avec laquelle on ne saurait toutefois le confondre, car il n'est jamais accompagné d'un chiffre; il se met au-dessus de la troisième ligne, et commence ou finit toujours la mesure. Exemples :

2° Le soupir, qui vaut une noire . . . .

3° Le demi-soupir, qui vaut une croche . . . .

4° Le quart de soupir, qui vaut une double-croche . . .

Le point après un silence augmente ce silence de la moitié de sa valeur.

5. DES TEMPS FORTS ET DES TEMPS FAIBLES.

Dans chaque mesure, le premier temps est ordinairement plus sensible, plus marqué que les autres, sans cesser d'avoir la même durée; il en est de même du troisième dans la mesure à quatre temps. De là, la division des temps en *forts* et en *faibles*.

Exercices sur les temps forts et les temps faibles.

On chantera les gammes suivantes en appuyant un peu plus fort sur le premier temps de chaque mesure et sur le troisième de la mesure à quatre temps.

Quand un son commence sur un temps faible et finit sur un temps fort, on dit qu'il va à *contre-temps*, et on l'appelle *syncope*. Par exemple, dans cette mesure ⟨♪⟩, *fa* est une syncope, car il commence sur le deuxième temps, qui est toujours un temps faible, et il finit sur le troisième, qui est ici un temps fort.

Pour régler plus aisément la durée d'une syncope, on appuie un peu sur le son au moment où se marque le temps fort.

Ainsi la mesure suivante ⟨♪⟩, se lirait comme s'il y avait, *sol do-o si.*

Exercice sur les syncopes.

Pour appliquer plus aisément la règle précédente, on dira d'abord cet exercice tout entier sur le même ton.

6. DIVISION DE L'UNITÉ DE TEMPS.

Le temps, comme la mesure, se divise en deux ou en trois parties égales: aussi peut-on le regarder lui-même comme une autre mesure, et ses parties aliquotes comme des temps. — Cette remarque trouvera son application plus tard.

La première partie d'un temps est considérée comme un *temps fort* à l'égard des autres, et se marque de la même manière. Un exemple fera comprendre l'importance de cette distinction.

Deux mesures remplies par six sons d'égale durée peuvent être, l'une, à deux, l'autre, à trois temps. En effet, deux temps divisés en tiers, et trois temps divisés en demis, donnent bien, les uns et les autres, six durées égales.

Or, si l'on faisait entendre les six sons sans marquer ceux qui commencent les temps, il est évident que les deux mesures produiraient le même effet. Mais qu'on appuie davantage sur la première moitié et sur le premier tiers de chaque temps, on sera frappé de la différence qui existe entre les deux mesures.

L'expérience est facile à faire.

Représentons par des croches les sons qui doivent remplir les mesures, on aura :

Que l'on frappe maintenant, pour les deux mesures, six coups à des intervalles bien égaux, mais en appuyant un peu fort sur le commencement de chaque temps, on verra bientôt que la différence qui existe ici pour l'œil n'est pas moins sensible pour l'oreille, surtout si l'on va un peu vite, et si l'on répète plusieurs fois de suite chaque mesure.

Il est donc important de marquer, comme un temps fort, la première partie de chaque temps.

Pour représenter le temps et ses divisions principales, nous emploierons les signes suivants:

Division binaire.

Unité de temps

Deux demi-temps
do   ré

Pour étudier la division binaire du temps, on s'appliquera à dire plusieurs fois de suite, le plus également possible, sans battre la mesure et sans chanter : *do, ré, do, ré.....*

On battra ensuite un certain nombre de mesures à 2 temps, en disant à chaque temps : *do, ré*, et en faisant sentir un peu plus le *do*.

Même travail pour les deux autres espèces de mesure.

Division ternaire.

Unité de temps

Trois tiers de temps
do   ré   mi

Pour étudier la division ternaire, on s'appliquera à dire plusieurs fois de suite, le plus également possible, et toujours sans chanter et sans battre la mesure : *do, ré, mi, do, ré, mi, do, ré, mi.....*

On battra ensuite un certain nombre de mesures à 2 temps, en disant à chaque temps : *do, ré, mi*, et en faisant sentir un peu plus le *do*.

Même travail pour les deux autres espèces de mesure.

7. EXERCICES RHYTHMIQUES OU DE MESURE.

Pour les temps entiers, on prononcera la syllabe *do*, et, pour en régler plus sûrement la durée, on fera entendre deux ou trois coups de gosier égaux, *do-o*, ou bien, *do-o-o*, selon que les temps seront mêlés à des demis ou à des tiers.

On réglera la durée des silences de la même manière que celle des sons, avec cette différence toutefois qu'on devra prononcer tout bas les syllabes qui accompagnent les signes.

1° *Temps et demi-temps.*

8. PROLONGATIONS, SYNCOPES ET SILENCES.

Souvent on représente un son par deux notes liées au moyen d'un arc de cercle; alors la seconde est considérée comme une prolongation du son représenté par la première. Ce qui suit en présente quatre exemples différents.

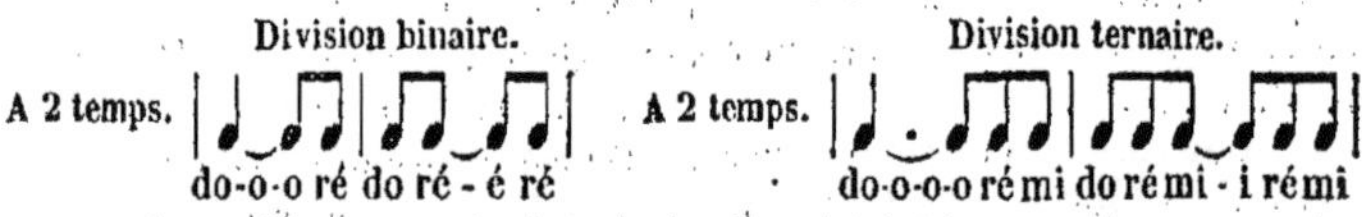

Avant d'étudier ces signes de prolongation, on remarquera que, de chaque côté, dans la seconde mesure, les deux notes liées représentent une syncope, car le son commence sur un temps faible et finit sur un temps fort. On devra, par des raisons analogues à celles que nous avons dites précédemment, appuyer sensiblement sur la seconde note en marquant la mesure.

On remarquera aussi que la note employée comme signe de prolongation est accompagnée de la voyelle qui entre dans la syllabe précédente.

Dans la division binaire, le point placé après une noire commence souvent un temps; ainsi

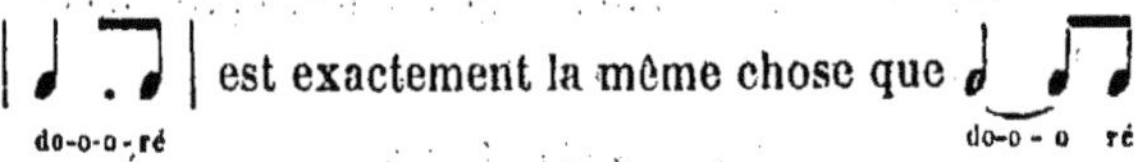

est exactement la même chose que

Quand, dans la division ternaire, on a deux sons dont l'un vaut les deux tiers du temps, au lieu de

on écrit

bien que, dans le premier cas, la notation soit plus claire et par conséquent préférable. Ainsi le veut l'usage.

Le demi-soupir, combiné avec des croches, donne les temps suivants.

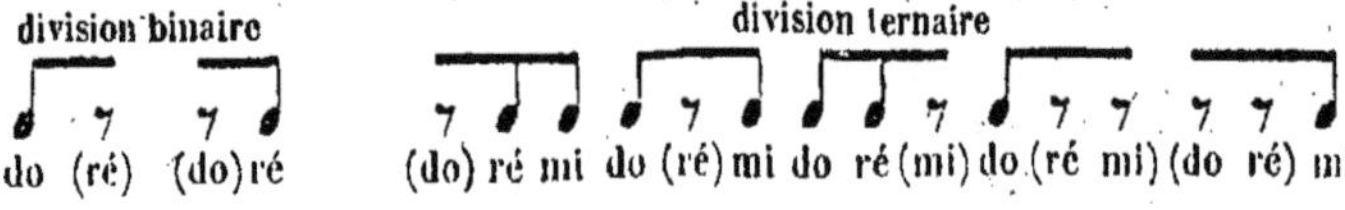

Rappelons-nous que les syllabes placées entre parenthèse doivent être prononcées tout bas , et qu'elles n'ont pour but que d'aider à régler la durée des silences.

Au reste, pour l'étude de chacun de ces temps, on procédera comme il a été dit à la fin de l'avant-dernière Leçon. Nous ajouterons seulement qu'il ne faut pas aller trop vite tout d'abord à cause de la difficulté que l'on pourra trouver à dire, tantôt bas , tantôt à haute voix, les syllabes qui accompagnent les divisions des temps.

Nous recommanderons enfin de marquer les temps par des mouvements de main un peu brusques, surtout quand ces temps commencent par un silence.

9. EXERCICES RHYTHMIQUES.

On étudiera d'abord à 2 temps l'exercice suivant; nous avons, à cet effet, divisé chaque mesure en deux parties égales, au moyen d'un trait plus petit que les autres.

10. DIVISION MIXTE.

Demis, et tiers de temps.

Pour varier le rhythme, on mêle parfois accidentellement des temps divisés en tiers avec des temps partagés en demis. Dans ce cas, les trois tiers réunis forment ce qu'on appelle un *triolet*.

Le *triolet* est ordinairement accompagné du chiffre 3, qui est loin d'être indispensable, mais que nous emploierons pour nous conformer à l'usage.

Ce passage de la division binaire à la division ternaire, *et vice-versa*, demande quelque étude. Les exercices ci-après familiariseront les élèves avec ce genre de difficulté.

Exercices rhythmiques.

A 2 temps.

A 3 temps.

A 4 temps.

11. SOUS-DIVISION BINAIRE.

Quarts de temps.

Les temps, après avoir été divisés en deux parties égales, peuvent être subdivisés de la même manière, ce qui donne des moitiés de demis ou des quarts de temps, que nous représenterons par des doubles-croches.

Dans ce cas, pour régler plus sûrement la durée des sons, on fait entendre quatre coups de gosier dans un temps, jusqu'à ce qu'on ait compris l'effet qui résulte de la combinaison des diverses durées réunies sous un même grand trait.

Après avoir étudié séparément les temps qui suivent, on fera, avec chacun deux, l'exercice indiqué à la fin de la 6e Leçon (*mesure*).

12. SUITE DE LA PRÉCÉDENTE.

Silence d'un quart de temps.

Le silence d'un quart de temps se représente par un quart de soupir.

Pour en régler la durée, on prononcera tout bas l'une des syllabes *do, ré, mi, fa,* selon que ce silence sera le 1er, le 2e, le 3e ou le 4e quart du temps. On procédera ainsi jusqu'à ce que l'oreille en ait bien saisi l'effet.

Dès que l'on aura compris les temps suivants, on en composera des mesures, comme il a été dit à la fin de la sixième Leçon.

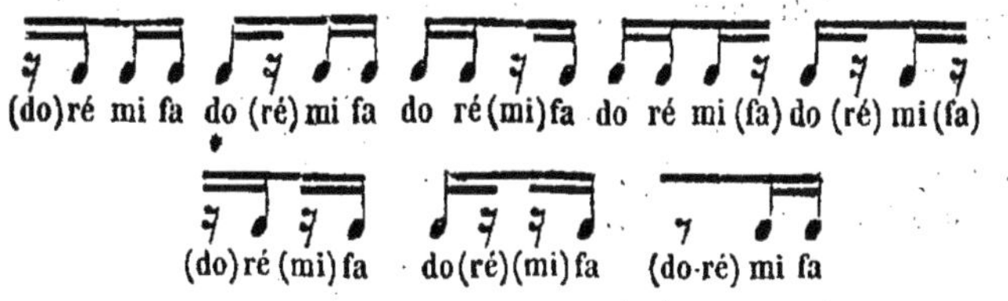

Exercices rhythmiques, récapitulation.

A 3 temps.

A 4 temps.

13. SOUS-DIVISION BINAIRE (suite).

Sixièmes de temps.

Après avoir partagé un temps en tiers, on peut diviser le tiers en deux parties égales; il en résulte des demi-tiers ou des *sixièmes de temps.*

Dans ce cas, on réglera la durée des sons en fesant entendre dans un temps six coups de gosier égaux.

Ce qui nous reste à étudier présente des difficultés réelles que les commençants ne parviendront guère à surmonter qu'en battant trois temps pour un, jusqu'à ce qu'ils se soient bien rendus maîtres du rhythme. Notre manière de noter, tout en différant peu de la notation usuelle, rendra cette décomposition facile; en effet, dans les premiers temps qui suivent, par exemple, l'œil saisit tout d'abord, et sans effort aucun, les divisions principales qui doivent devenir des temps à leur tour.

14. SUITE DE LA PRÉCÉDENTE

Prolongations et silences.

Le silence d'un sixième de temps se marque, comme celui d'un quart, par un quart de soupir.

On en règle la durée en prononçant d'abord bien bas, puis mentalement, l'une des syllabes *do, ré, mi, fa, sol, la,* selon le rang que ce silence occupe dans le temps.

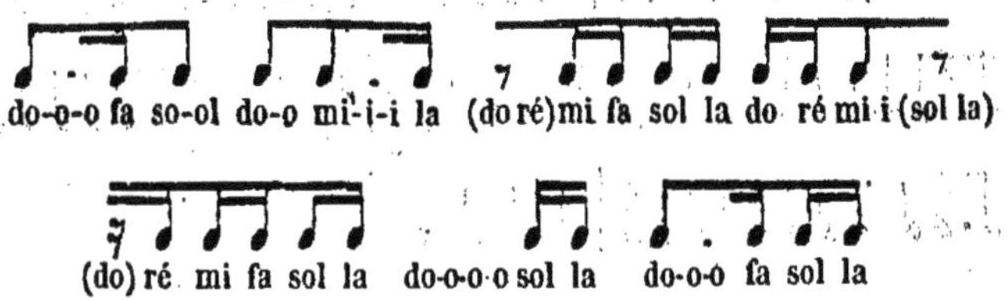

---

15. DIVISION MIXTE (SUITE).

Demis, quarts et sixièmes de temps.

Quelquefois, au lieu de diviser le demi-temps en deux parties égales, on le divise accidentellement en trois. On a alors des sixièmes mêlés avec des demis et parfois avec des quarts. Les exercices suivants en présentent de nombreux exemples. Lorsqu'une seule moitié du temps est ainsi divisée, on a un *triolet*, que l'on marque comme il a été dit précédemment. Quand c'est le temps entier, on a un triolet double qui prend le nom de *sextelet* ou *sixain*, et qu'on marque par un 6. Le genre de difficulté qui résulte de cette nouvelle combinaison est semblable à celui que nous avons rencontré dans la 10ᵉ Leçon. Si les élèves avaient trop de peine à la surmonter, on n'aurait qu'à faire battre chaque temps comme une mesure entière.

Exercices rhythmiques.

A 3 temps.

A 4 temps.

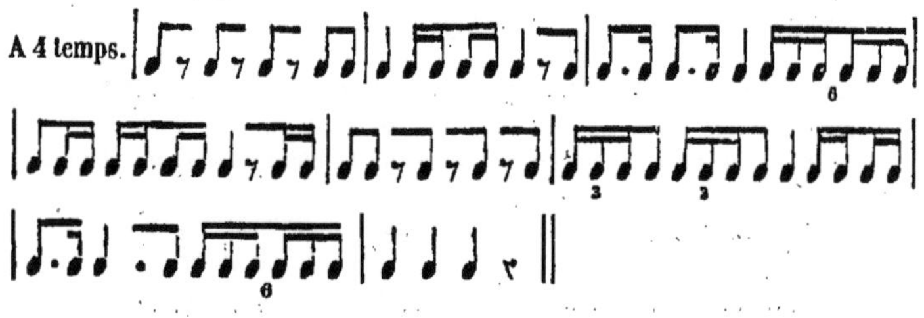

---

16. DU MOUVEMENT.

On entend par *mouvement* le degré de vitesse ou de lenteur qu'on donne à la mesure dans un morceau de musique.

On indique d'ordinaire le mouvement au moyen de certains mots que l'on place en tête du morceau.

Ces mots, presque tous empruntés de l'italien, sont de deux sortes : les uns indiquent seulement le mouvement ; les autres font connaître de plus quel doit être le caractère de l'exécution.

1° *Mots indiquant le mouvement.*

On distingue cinq mouvements principaux, savoir :

LARGO ou LENTO. Large, lent. Ce mot désigne le plus lent de tous les mouvements.

ADAGIO. A l'aise, posément.

ANDANTE. Modéré et gracieux.

ALLEGRO. Gai.

PRESTO. Vite.

Les mouvements suivants ne sont que des modifications des premiers :

LARGHETTO. Un peu moins lent que *largo.*

ANDANTINO. Un peu plus vif que l'*andante.*

ALLEGRETTO. Gai, modéré.

PRESTISSIMO Très vite.

Aux mots qui précèdent il s'en joint parfois d'autres tels que :

Non troppo. Pas trop. Ainsi, *allegro non troppo, adagio non troppo*, signifient *pas trop gai, pas trop lent.*

Assai. Assez, beaucoup. Il s'ajoute ordinairement à *largo, allegro, presto.*

Molto. Beaucoup.

Moderato. Modéré. — Employé seul, il indique un mouvement tenant le milieu entre le *lento* et le *presto.*

Commodo. Commodément.

Certains termes placés dans le courant d'une composition servent à marquer une altération dans le mouvement. Ce sont :

Accelerando. En accélérant, en pressant le mouvement.

Animato. Animé. Mouvement plus vif que celui qu'on avait adopté d'abord.

Piu mosso. Plus animé.

Rallentando, ritardando ou ritard. En rallentissant.

A piacere. A plaisir, à volonté.

Al tempo ou 1° tempo. Au mouvement qu'on avait adopté dès le commencement.

---

17. CONTINUATION.

2° *Mots servant à annoncer le mouvement et le caractère d'un morceau.*

GRAVE. Gravement. Lenteur de mouvement, gravité d'exécution.

SOSTENUTO. Soutenu. Mouvement large, caractère décidé.

MAESTOSO. Majestueux. Il accompagne quelquefois *allegro, adagio.*

CANTABILE. Chantant. Il annonce en général le caractère de toute mélodie, propre à être exécutée par la voix.

CON DOLORE. Avec douleur.

MARZIALE. Martial.

ESPRESSIVO. CON ESPRESSIONE. Expressif. Avec expression.

AMOROSO. AFFETTUOSO. Tendrement. D'une manière affectueuse.

GRAZIOSO. Gracieux. Caractère d'exécution doux et agréable.

SPIRITOSO. Avec feu. Mouvement vif et un peu rapide.

AGITATO. Agité. Il se joint à *allegro.*

RISOLUTO. Résolu, décidé.

CON BRIO. Joints à *allegro*, ces mots indiquent une exécution plus résolue et plus brillante.

VIVACE. Vivement. Mouvement très animé, exécution vive, hardie.

SCHERZANDO. En badinant.

18. DU MOUVEMENT INDIQUÉ PAR LE MÉTRONOME.

Les mots que nous avons vus dans les leçons précédentes ont tous un sens vague, peu précis, et ne peuvent indiquer le mouvement que d'une manière très imparfaite.* Pour obvier à cet inconvénient, on a imaginé une espèce de pendule qui, par la lenteur ou la vitesse de ses oscillations, marque les temps de la mesure, et parfois la durée de la mesure entière. On a donné à cet instrument le nom de *métronome*. — Maelzel passe pour en être l'inventeur.

Nous ne décrirons pas le métronome; nous ne dirons pas davantage la manière dont on s'en sert. Cet instrument est assez coûteux et peu commun. Nous aimons mieux, au contraire, faire savoir comment on peut s'en passer.

En tête des morceaux dont le mouvement doit être indiqué par le métronome, on trouve des signes analogues aux suivants :

Métronome: ♩ = 54. Mel: ♪ = 100. M. 69 ♩. M. 132 ♩.

Le premier veut dire que la noire doit durer la cinquante-quatrième partie d'une minute; le second, que la croche doit en durer la centième partie; le troisième, que 69 blanches pointées doivent remplir une minute, etc.

Pour déterminer sans métronome la durée de la noire dans le premier cas, on cherchera en tâtonnant à faire entrer 54 temps, égaux dans une minute. Ce résultat obtenu, on aura dans chacun de ces temps, la durée de la noire, qui suffira pour régler le mouvement de tout le morceau.

On procèderait d'une manière semblable pour trouver la durée de la croche dans le second cas, etc.

---

* Les mots italiens ont, chez nous du moins, un sens si peu absolu, qu'un même compositeur se sert souvent du même terme pour désigner des mouvements différents, et de termes différents pour indiquer le même degré de lenteur ou de vitesse. Les exemples suivants suffiront pour montrer jusqu'où va la confusion.

ALLEGRO. 138 ♩ — 132 ♩ — 126 ♩ — 112 ♩ — 108 ♩ (AUBERT, *La Part du Diable*). — ALL° MODERATO. 112 ♪ — 108 ♩ (ID.). — ALL° MODERATO. 164 ♩ — 139 ♩ — 132 ♩ — 126 ♩ — 120 ♩ — 108 ♩ (MEYERBEER, *Il Crociato*). — ANDANTINO. 80 ♪ — 80 ♩ (ID.).

DE L'INTENSITÉ.

C'est de *l'intensité*, c'est-à-dire du plus ou moins de force dans la production des sons, que dépend surtout l'expression. Mais il est, du fort au faible, une foule de degrés qu'on ne peut pas toujours indiquer, et qui demandent une oreille exercée. Le meilleur moyen pour arriver à nuancer convenablement, avec goût, c'est de s'habituer de bonne heure à observer les signes d'intensité, et d'écouter attentivement l'effet qui en résulte.

Ces signes sont les suivants :

FORTE ou *F* . . . . fort.	SMORZANDO ou *smorz..* en diminuant.	
FORTISSIMO ou *FF* . . . très fort.	CRESCENDO, *cres.* ou <. en augmentant.	
PIANO ou *P* . . . . doux.	DECRESCENDO , *decres.*	
PIANISSIMO ou *PP*. . . très doux.	ou >. . . . . en diminuant.	
DOLCE ou *Dol.* . . . . . . doux.	CALANDO . . . . en diminuant de	
MEZZO VOCE . . . . à demi-voix.		force et de vitesse
SOTTO VOCE . . . . . . *id.*	MORENDO . . . . en mourant.	
RINFORZANDO ou *rf* . . . en renforçant.		

On trouve quelquefois, sous des notes de certaine durée, une espèce de losange plus ou moins allongé. Il signifie qu'on doit enfler le son jusqu'au milieu et le diminuer ensuite.

Chanter ainsi une note longue, c'est ce qu'on nomme *filer un son.*

Les personnes qui font une étude particulière de la musique vocale, filent beaucoup de sons, en les prolongeant aussi longtemps que l'haleine peut le permettre.

DE QUELQUES AUTRES SIGNES EMPLOYÉS DANS L'ÉCRITURE MUSICALE.

On place quelquefois, sur les notes ou au-dessous, un *point,* un *accent* ou ce signe ⌒, qu'on appelle *point-d'orgue* ou *point-d'arrêt.*

Le *point* signifie que le son doit cesser au milieu de la durée de la note.

L'*accent* indique que la note ne doit être tenue que le quart de sa durée.

Le *point-d'arrêt*, qui se met aussi sur les silences, marque une prolongation arbitraire de la durée représentée par le signe qu'il accompagne.

EXEMPLES :

Pour abréger, pour ne pas récrire certains passages qui doivent s'exécuter deux ou plusieurs fois, on emploie trois sortes de signes destinés à marquer des répétitions, savoir : la *reprise*, les mots *da capo*, et le *renvoi* proprement dit.

La reprise s'indique au moyen de deux gros traits perpendiculaires à la portée et accompagnés de points. Lorsqu'on trouve un signe pareil ayant des points à gauche :‖, on reprend au précédent, qui alors a des points à droite ‖: : en l'absence de celui-ci, on recommence le morceau.

Le *renvoi* ℅, s'emploie toujours deux fois: le second indique qu'il faut retourner au premier.

Les mots *da capo*, qu'on abrége ainsi *D. C.* renvoient au commencement du morceau.

Pour marquer l'endroit où l'on doit s'arrêter après avoir recommencé, on se sert de deux gros traits surmontés du mot *fin*, ou d'un point d'arrêt: ‖ ‖

DES ORNEMENTS DU CHANT.

On trouve parfois, dans la musique écrite, des notes plus petites que les autres, et qui ne comptent pas dans la mesure, comme on peut le voir dans les exemples ci-dessous. Ce sont des notes de goût, purement accessoires, servant toutefois à orner la mélodie, à y ajouter certain agrément. Leur usage les a fait appeler *ornements* du chant, ou bien encore *agréments, broderies, fioritures.*

En général, on passe rapidement sur les petites notes, bien qu'on ne puisse pas à ce sujet poser des règles invariables; et le temps qu'on met à les dire se prend sur la durée des autres notes, tantôt de celle qui précède, tantôt de celle qui suit.

On compte quatre espèces principales d'ornements, savoir : l'*appogiature*, le *mordante*, le *grupetto* et le *trille*. Le dernier ne s'indique guère que d'une manière abrégée, et autrement que par des notes.

L'*appogiature*, le plus employé des ornements, est une petite note qui se lie avec la grande note suivante, dont elle prend la moitié de la valeur, et même les deux tiers, quand celle-ci est pointée.

L'appogiature se passe aussi quelquefois avec rapidité.

Le *mordante* consiste ordinairement en deux petites notes placées immédiatement avant une note quelconque. On l'indique aussi par un signe particulier, comme on le verra ci-après.

Le *grupetto* (petit groupe) se compose de trois ou quatre petites notes, et s'indique souvent au moyen d'une espèce d'S couchée, qu'on place sur une note, ou entre deux notes.

Le *trille* est un ornement produit par le battement alternatif et accéléré de deux notes voisines.

EXEMPLES :

Les trilles, les roulades, les fioritures de toute sorte se placent surtout à un point d'orgue, où, la mesure étant suspendue, les chanteurs peuvent donner l'essor aux caprices de leur imagination, et montrer tout ce que, par le travail, leur gosier a acquis de souplesse, de flexibilité. Nous n'insisterons pas sur ce sujet, le but de ces Leçons étant plutôt la lecture musicale que l'exécution proprement dite : nous renvoyons aux traités spéciaux les personnes qui voudraient se livrer à l'étude du chant.

FIN DE LA DEUXIÈME PARTIE.

TROISIÈME PARTIE.

ÉTUDE SIMULTANÉE DE L'INTONATION ET DU RHYTHME.

COMMENT ON DOIT PROCÉDER DANS CETTE ÉTUDE.

Dans les exercices qui composent cette troisième Partie, on commencera l'étude de chaque numéro par une petite analyse, dont un exemple donnera une idée suffisante. Soient à analyser ces quatre mesures :

Le 1er élève dira : Première mesure. *Do* blanche pointée, pour les trois premiers temps ; *mi* noire, pour le quatrième.

Le deuxième élève : Seconde mesure. *Mi* noire, pour le premier temps ; *ré, do,* croches, pour le deuxième ; *si, la,* noires, pour le troisième et le quatrième.

Le troisième élève : Mesure suivante. *Sol* noire, pour le premier temps ; le point, prolongation du *sol,* et le *fa* croche, pour le deuxième ; *mi* croche, et la moitié du *sol* noire, pour le troisième ; la seconde moitié du *sol,* qui est une syncope, et *do* croche, pour le dernier temps, etc.

Cette analyse terminée, on passera à l'intonation. Un élève dira le ton dans lequel on devra chanter ; le maître fera entendre la conique *en ayant égard aux notes basses et hautes du morceau plutôt qu'au diapason ;* toute la classe entonnera l'accord et chantera les notes de la leçon, sans mesure, et en s'arrêtant suffisamment sur les difficultés d'intonation.

La mesure alors aura son tour. Les élèves diront toutes les notes sur le même ton, en observant les durées et en battant la mesure.

Enfin on chantera le morceau tel qu'il est écrit.

Ce travail, long d'abord, devra naturellement être abrégé à mesure qu'il deviendra moins nécessaire.

On trouvera, dans la plupart des morceaux, les majuscules A, B, C. Le nombre de ces lettres indique à combien de parties la leçon peut être chantée.

Pour faire chanter en parties, on divise d'abord les élèves en groupes de la même force. Cela fait, on donne le ton, on indique le mouvement, et le premier groupe commence. Quand il est arrivé à la lettre B, le groupe suivant prend à son tour du commencement de l'air. Le troisième groupe se règle sur le second comme celui-ci a fait sur le premier.

On peut aussi attaquer les trois parties à la fois. Alors un groupe commence à la lettre A, le deuxième à la lettre B, et le dernier à la lettre C.

Dans tous les cas, le morceau doit être d'abord parfaitement su.

1ʳᵉ SÉRIE. — GAMMES ET EXERCICES DANS TOUS LES TONS.

A
B
3.
1
1
A
B
4.
A
B
5.
3
3
A
B
6.
1
1

7.
A
B
8.
A
B
1
1
1
9.
A
B
1
1
10.
A
B

A
B
11.
1
1
A
B
12.
1
1
A
B
13.

14.
A
B
15.
A
B
1
1
16.
A
B
17.
A
B
1

1
A
B
18.
1
1
A
B
19.
A
B
20.
1
1

2ᴱ SÉRIE. — CANONS TRÈS FACILES DANS TOUS LES TONS.

Allegretto. A
3.
B
C
Molto moderato. A
4.
B
C
Moderato. A
5.
B
C

Moderato. A

6.

B

C

Presto. A

7.

B

C

3ᴱ SÉRIE.— CONTINUATION DE LA PRÉCÉDENTE. TRANSPOSITION.

Moderato. A

1.

B

Allegretto. A

2.

B
P
mezzo F
C
Allegretto.
3.
B
C
Sostenuto.
4.
A
B
C

Moderato.
A
5.
B
C
Air de chasse.
A
6.
B
C
Allegretto.
A
7.
B

4ᵉ SÉRIE. — TRIOLETS.

Molto moderato. A
3.
B
C
Allegretto. A
4.
B
C
Poco lento. A
5.

B
C
Affettuoso.
A
6.
B
C
Risoluto. A
7.
B
C, bien marqué
F

5ᴱ SÉRIE. — QUARTS DE TEMPS.
Allegretto. A
1.
B
Pas redoublé. A
2.
F
B
F
C
F
Allegro. A
3.
sec B
F
sec C
F
sec
F

Marziale. A
4.
B
C
Andantino. A
5.
B
C
Allegro. A
6.
B

C bien lié.
Mouvement de marche. A
7.
B
C
6ᵉ SÉRIE. — CONTINUATION DE LA PRÉCÉDENTE. TRANSPOSITION.
Allegretto. A
1.
B

C
Cantabile.
A
cresc - - - - -
rf
B
C
Moderato.
A
B
C

Allegro. A
4.
B
C
Grazioso.
5.
A
dolce.
B
C
Allo moderato. A
6.
rf
rf
B
C

Risoluto.
A
7.
B
C
7ᵉ SÉRIE. — DIÈSE ACCIDENTEL.
Moderato. A
1.
B
C
rf
6

Andantino. A
B
C
D. C.
à la lettre B.
D. C.
à la lettre C.
D. C.
à la lettre A.

Moderato. A
3.
B
C
Allº moderato. A
4.
B
C

Andante. A

5.

dol.

B

P

P

P

P

C

P

P

P

P

Andantino. A

6*.

P

rf

B

cresc. - - - -

* Ce numéro n'est pas de l'auteur.

2
2
C
rf
Da Capo.
rf
Moderato. A
7.
B
C

8ᴱ SÉRIE. — CONTINUATION DE LA PRÉCÉDENTE.

D. C.
à la lettre B.
D. C.
à la lettre C.
D. C.
à la lettre A.
Commodo. A
3.
B
Mouv.t de polonaise.
A
4.
B
C

Allo moderato. A
5.
B
C
Allegro. A
6.
B
C
Poco presto. A
7.

B.
9ᴱ SÉRIE.—DIÈSE ET BÉMOL ACCIDÈNTELS.
Religioso.
rf
rf
rf
1.

rf
rf

cresc.
cresc.
cresc.
diminuendo
diminuendo
diminuendo
Simplice.
2.

cresc.
rf

Adagio non troppo.
3.
cresc.
rf
cresc.
rf
cresc.
p
p
p
Allegro molto.
4.

D. C.
D. C.
D. C.

Allegretto.
dol.
5.
dol.
dol.
cresc. —
cresc. —
cresc. —
P
P
P
F
F
F

dol.
dol.
dol.
Andantino.
6.
rf
rf

rf
rf
rf
rf
rallentando
rall.
rall.
Andante.
7.

10ᴱ SÉRIE. — SIXIÈMES DE TEMPS.

Andantino. A
2.
B
C
Allegretto. A
3.
B
C
Allegretto. A.
4.

B
C
Andantino. A
5.
B
C
Scherzando A
6.

Sicilienne. A

7.

11ᴱ SÉRIE. — TONS MINEURS.

Moderato.

1.

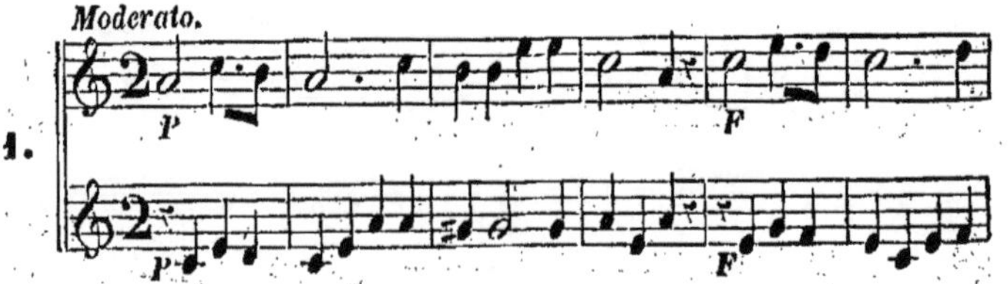

Moderato.
2.

Andante.
3.
rf
rf
decres. - - -
rf
rf

Lento.
4.
P
P
1re fois.
1re fois.
2e fois.
2e fois.
mezzo forte
MAJEUR.

rall.   smorz.
Simplice.
5.
Majeur.
rall.
rall.

Grave.
6.
P
P
rf
P
P
F
F
Maestoso.
F
7.
F
F

12ᵉ SÉRIE. — CHOEURS FACILES A TROIS VOIX ÉGALES.

NOTA. Les notes liées par ce signe ⌣ appartiennent à la même syllabe.

Moderato. A

Moderato. A   **LA CLOCHETTE*.**

* Ce numéro n'est pas de l'auteur.

meau. Der-lin din din din din, Der-lin din din
din din, Der-lin din din din, Der-lin din din
din; Der-lin din din din, Retour-nons au ha-meau.
Moderato. VIVEZ POUR PEU D'AMIS.
Vi-vez pour peu d'a-mis, oc-cu-pez peu d'es-
Vi-vez pour peu d'a-mis, oc-cu-pez peu d'es-
Vi-vez pour peu d'a-mis, oc-cu-pez peu d'es-
pa-ce, Fai-tes du bien, sur-tout for-mez peu de pro-
pa-ce, Fai-tes du bien, sur-tout for-mez peu de pro-
pa-ce, Fai-tes du bien, surtout for-mez peu de pro-
jets, Vos jours se-ront heu-reux, et, si ce bon-heur
jets, Vos jours se-ront heu-reux, et, si ce bon-heur
jets, Se-ront heureux, s'il

pas - se, Il ne vous lais-se - ra ni re-mords ni re-
pas - se, Il ne vous lais-se - ra ni re-mords ni re-
pas - se, Il ne vous lais-se - ra ni re-mords ni re-
grets, Il ne vous lais-se - ra ni re-mords ni re-grets.
grets, Il ne vous lais-se - ra ni re-mords ni re-grets.
grets, ni regrets, Il ne vous lais-se - ra ni re-mords ni re-grets.
Grave.
PROSTERNEZ-VOUS.
De - vant Dieu pros - ter - nez - vous, Fiers ha-bi-
De - vant Dieu pros - ter - nez - vous, Fiers ha-bi-
De - vant Dieu pros - ter - nez - vous, Fiers ha-bi-
tants de la ter - re, C'est le maî - tre
tants de la ter - re, C'est le maî - tre
tants de la ter - re, C'est le maî - tre

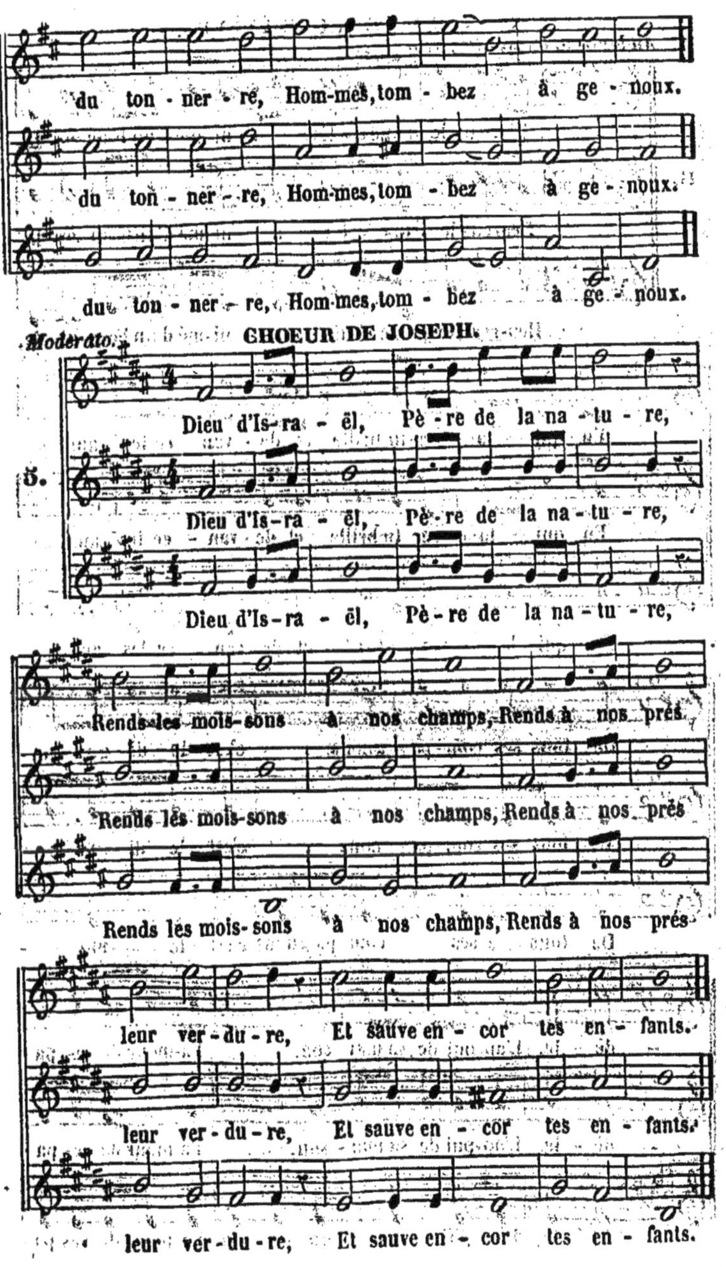
du ton - ner - re, Hom-mes, tom - bez à ge - noux.
du ton - ner - re, Hom-mes, tom - bez à ge - noux.
du ton - ner - re, Hom-mes, tom - bez à ge - noux.
Moderato.
CHOEUR DE JOSEPH.
Dieu d'Is-ra - ël, Pè-re de la na-tu - re,
5.
Dieu d'Is-ra - ël, Pè-re de la na-tu - re,
Dieu d'Is-ra - ël, Pè-re de la na-tu - re,
Rends les mois-sons à nos champs, Rends à nos prés
Rends les mois-sons à nos champs, Rends à nos prés
Rends les mois-sons à nos champs, Rends à nos prés
leur ver-du - re, Et sauve en - cor tes en - fants.
leur ver-du - re, Et sauve en - cor tes en - fants.
leur ver-du - re, Et sauve en - cor tes en - fants.

HEUREUX LE JEUNE ÉLÈVE.

Andantino, quasi allegretto

L'ANGE GARDIEN.

Dieu l'a dit; Et chaque nuit, quand je sommeille, Penchez-vous sur mon
Dieu l'a dit; Et chaque nuit, quand je sommeille, Penchez-vous sur mon
Dieu l'a dit; Et chaque nuit, quand je sommeille, Penchez-vous sur mon
pe - tit lit, Ay - ez pi -tié de ma fai - bles - - se, A
pe - tit lit, Ay - ez pi -tié de ma fai - bles - - se, A
pe - tit lit, Ay - ez pi -tié de ma fai - bles - - se, A
mes cô- tés mar-chez sans ces - - se, Par - lez -
mes cô- tés mar-chez sans ces - - se, Par - lez -
mes cô- tés mar-chez sans ces - - se, Par - lez -
- moi le long du che - min; Et, pen-dant que je
- moi le long du che - min; Et, pen-dant que je
- moi le long du che - min; Et, pen-dant que je

vous é-cou-te, De peur que je ne tombe en rou-te, Bon
vous é-cou-te, De peur que je ne tombe en rou-te, Bon
vous é-cou-te, De peur que je ne tombe en rou-te, Bon
an-ge, donnez-moi la main, Bon an - ge, donnez-moi la main.
an-ge, donnez-moi la main, Bon an - ge, donnez-moi la main.
an-ge, donnez-moi la main, Bon an - ge, donnez-moi la main.
Moderato.
Mon Dieu, pour être heureux tu m'as mis sur la ter-re,
Mon Dieu, pour être heureux tu m'a mis sur la ter-re,
Mon Dieu pour être heureux tu m'as mis sur la ter-re,
Tu sais bien mieux que moi quels sont mes vrais besoins.
Tu sais bien mieux que moi quels sont mes vrais besoins.
Tu sais mieux que moi quels sont mes vrais besoins.

8.

Don-ne-moi les ver'-tus qu'il me faut pour te plaî-re,
Don-ne-moi les ver'-tus qu'il me faut pour te plai-re,
Don-ne-moi les ver-tus qu'il me faut pour te plai-re,
Le cœur de ton en-fant s'en rapporte à tes soins.
D. C.
Le cœur de ton en-fant s'en rap-porte à tes soins.
D. C.
Le cœur de ton en-fant s'en rap-porte à tes soins.
D. C.
Allegro.
No - tre vie est si courte, il la faut em-ploy-
No - tre vie est si courte, il la faut em-ploy-
No - tre vie est si courte, il la faut em-ploy-
- er. In - struisons-nous; li - sons dès l'â-ge le plus
- er. In - struisons-nous; li - sons dès l'â-ge le plus
- er. In - struisons-nous dès l'â-ge le plus

9.

ten-dre; Nous se-rions mal-heu - reux si nous ces-sions d'ap-
ten-dre; Nous se-rions mal-heu - reux si nous ces-sions d'ap-
ten-dre; Nous se-rions mal-heu - reux si nous ces-sions d'ap-
- pren-dre, Et c'est un jour per - du qu'un jour sans tra-vail-
- pren-dre, Et c'est un jour per - du qu'un jour sans tra-vail-
- pren-dre, Et c'est un jour per - du qu'un jour sans tra-vail-
- ler, Oui, c'est un jour per - du qu'un jour sans tra-vail-
- ler, Oui, c'est un jour per - du qu'un jour sans tra-vail-
- ler, Oui, c'est un jour per - du qu'un jour sans tra-vail-
- ler, Oui, c'est un jour per-du qu'un jour sans tra-vail-ler.
- ler, Oui, c'est un jour per-du qu'un jour sans tra-vail-ler.
- ler, Oui, c'est un jour per - du qu'un jour sans tra-vail-ler.

13ᵉ SÉRIE.— MORCEAUX EXTRAITS DES PLUS CÉLÈBRES COMPOSITEURS.

NOTA. Dans l'écriture musicale ordinaire, on ne réunit par de gros traits que les croches, les doubles-croches, etc., appartenant à la même syllabe. Les gros traits, dans ce cas, dispensent d'employer le signe de liaison. On en verra de nombreux exemples dans ce qui suit.

- vres - se Tu m'ap-pe-lais l'es - poir, l'ap-pui de ta vieil-
- les-se, Et sans moi tu vieil-lis en pleu-rant mon mal-
D.C.
- heur, Et sans moi tu vieil-lis en pleurant mon mal-heur.
Andantino. TIRÉ DE WINTER.
3.
Vois, l'om-bre s'é-va-po - re, Le ciel qui se co-
- lo - re, De la bril-lante au - ro - re An - non-ce le re-
- tour, An - non-ce le re - tour. Pen-dant la nuit ob-
- scu - re Tout dort dans la na - tu - re, Hors le vent qui mur-
- mu - re Dans les bois d'a - len - tour. Mais de l'au - be nou-
- vel - le, Mes-sa-gè - - re fi-dè - - le, L'ai-
- ma - ble Phi - lo - mè - - le Chan-te le
dieu du jour, L'ai - ma - ble Phi - lo-
D.C.
- mè - - le Chan - te le dieu du jour,

TIRÉ DE DALAYRAC.
Adagio.
4.
Ton a - mour, ô fil-le ché - ri - e! M'a con-so-
- lé de tous mes maux; Si ton père aime en-cor la vi - e, C'est pour veil
- ler à ton re - pos, C'est pour veil - ler à ton re -
- pos. Ma re-trai-te pro-fon-de, Tu la vois sans ef -
- froi; Je suis pour toi le mon-de, Tu l'es aus - si pour
moi, Tu l'es aus-si pour moi. Le sou-ve - nir de mon nau -
- fra - ge Vient-il m'a-gi - ter, m'a-gi - ter mal-gré
Dolce.
moi? Pour ra - ni-mer tout mon cou - ra - ge,
J'aime à re-dire auprès de toi, J'aime à re-dire auprès de
toi, Ma fil-le, A - zé-mi - a: Ton a-mour, ô fil-le ché-
- ri - e! M'a con-so - lé de tous mes maux; Si ton
père aime en - cor la vi - e, C'est pour veil - ler à ton re -

TIRÉ DE SACCHINI.

TIRÉ DE WEBER.

lieux. J'ai vu maint peu-ple sau-va-ge, Sur son
sol pro-fa-né com-man-der en vain-queur; Mais l'Eu-
-rope au-jour-d'hui rend hom-ma - - - ge
A sa puis-sance, à sa puis-sance, à sa gran-
-deur. Oui, l'Eu-ro-pe rend hom-ma - -ge
A sa puis-san - ce, à sa gran-deur.
TIRÉ DE SACCHINI.
Maestoso con presto.
7.
El-le m'a pro-di-gué sa ten-dresse et ses
soins. Son zè-le dans mes maux m'a
fait trou-ver des char-mes, El-le les par-ta-
-geait, elle es-suy-ait mes lar-mes, Son a-
-mour at-ten-tif pré-ve-nait mes be-soins.

FIN DE LA TROISIÈME ET DERNIÈRE PARTIE.

9 782019 995546